FORA DA LEI

obra poética

Saulo Ramos

Fora da lei

obra poética

LeYa

Diretor Editorial: Pascoal Soto
Editora: Tainã Bispo
Produção Editorial: Fernanda Satie Ohosaku

Preparação de texto: Alessandra Maria
Revisão de texto: Rafael Varela
Capa e projeto gráfico: João Baptista da Costa Aguiar
Diagramação: Angela Mendes

Dados Internacionais de Catalogação na Publicação (CIP)
(Câmara Brasileira do Livro, SP, Brasil)

Ramos, Saulo
Fora da lei : obra poética / Saulo Ramos. --
São Paulo : Leya, 2012.

ISBN 978-85-8044-599-2

1. Poesia brasileira I. Título.
12-11587 CDD-869.91

Índices para catálogo sistemático:
1. Poesia : Literatura brasileira 869.91

2012

TEXTO EDITORES LTDA.
[Uma editora do grupo Leya]
Rua Desembargador Paulo Passaláqua, 86
01248-010 – Pacaembu – São Paulo – SP – Brasil
www.leya.com.br

Prefácio de Jorge Amado

Nunca ouvira dizer...

Nunca ouvira dizer que Saulo Ramos fosse poeta. Sabia-o advogado, grande advogado, de renome nacional.

Foi assim, com grande surpresa, que tomei conhecimento de seus poemas, surpresa que se fez maior ao constatar a alta qualidade dessa poesia emocionante.

Os poemas de Saulo Ramos, de certezas vividas, no curso de uma existência longa de acontecimentos e experiências voltadas para uma realidade contundente, comovem. Ele toca o coração de todos nós quando exclama seu desespero:

Bate soldado. Assim: na cara!
Estala o tapa!
Vê, se agora ele fala!
Ou se pode pensar.
Entre as paredes desta sala,
vê se pode voar!

Proclama então, "correndo sobre os assustados voos das codornas surpreendidas", sua verdade mais profunda, sua realidade mais vivida:

Diga que estou morto
e, para que se não assustem,
diga que estou morto até o meio-dia,
quando, talvez e arrependido,
ressuscitarei,
mas até lá mereço o respeito da velação comovida.

Na realidade mais profunda, esconde-se a poesia. Saulo Ramos toma-a pela mão e juntos percorrem os caminhos do mundo.*

JORGE AMADO

* Prefácio da edição francesa do livro *C'etait aujourd'hui*. Editora L'Harmattan Littératures, Paris.

Prefácio de Jô Soares

O Verbo é teu, poeta!

Saulo,

Ainda não sei como tive a ousadia de aceitar teu convite para escrever este prefácio. Sentado em frente ao computador numa madrugada de segunda-feira, procuro entender: por que eu? Amigos de prestígio, nome e talento não te faltam. Autores da envergadura do Jorge Amado fariam certamente melhor figura. Por que eu? Por quê, Saulo? Por que me persegues?

Se algum incauto ou distraído se der ao trabalho de percorrer estas linhas, estará apenas retardando o gozo da leitura maior. Como jurista, bem sabes que, muitas vezes, o prefaciador é o rábula das letras, entravando o prazer do leitor com medidas protelatórias. A solução é óbvia: ação cautelar contra o prefácio.

Sou contra o prefácio. O teu livro não exige cautela. A força das "elegias" merece a entrega imediata. Lorca, Guevara e o Torturado – o poeta, o herói e a vítima indefesa –, tão diferentes e tão iguais na revolta dos teus versos: "Vai, morte dolorida, massa disforme de sonho ensanguentado".

Teu livro faz com que o leitor se aproprie de Paris

sem a conhecer, mergulhe nos lençóis da "garçoniere do amigo" – sonho quase adolescente de amor e humor –, desabafe, cúmplice do poeta, nas "anotações do inconformismo" e conheça o Saulo filho, o Saulo pai e o Saulo pai do próprio pai.

Me pergunto, então, para que prefácio, se o poeta é o anarquista desvairado e o apaixonado sem pudores? Para mim, toda poesia deve ter a introdução na última página.

Talvez, por excesso de zelo, fui ao "Aurélio" e fiquei ainda mais firme na minha convicção. Lá está escrito em prosa, friamente:

> *prefácio [Do lat.* praefatio *(nom.), "o que se diz no princípio".]*

Mas no princípio era o verbo, Saulo.
E o verbo é teu, poeta.

Jô Soares
São Paulo, 8 de junho de 1997.*

* Prefácio da edição francesa do livro *C'etait aujourd'hui*. Editora L'Harmattan Littératures, Paris.

Explico:

Sempre que escrevo um poema tenho menos de vinte anos.

Não importa minha idade. Tenho menos de vinte anos quando a poesia me desassossega.

Se tivesse mais, ela não me encontraria, mesmo porque ninguém pode ser inteiramente puro com mais de vinte anos.

E a poesia, se verdadeira, é a pureza em si mesma, ainda que submetida a versos clássicos ou livres.

Agradeço a Deus por ter tido menos de vinte anos tantas vezes ao longo da minha vida. E a permissão de ir e voltar da minha infância ora em lágrimas, ora dando risadas.

SAULO RAMOS

Gruta

Minha alma, a verdadeira, a única que tive,
está aqui, neste livro: o livro que me fiz
para guardar-me na ambição de ser feliz
como tudo que tem direito à vida e vive.

Eu sei que há flor, e sol, e luz; que existe o mundo,
mas minha alma nasceu nas grutas mais estranhas
e bebe sombras, bebe a gota que, no fundo
das grutas, treme e cai, filtrada das montanhas.

O amanhecer é tão pequeno para as grutas,
há tão pouco horizonte, e é tão rápida a aurora,
que a gente decora
a cor do sol
para supor a tarde
antes da longa noite
de túnel sem saída
por onde caminham o desespero
e as esperanças:
é quando, sem alarde e mansas,
aconchegam-se para dormir juntas
a morte e a vida.

Este é o livro que fiz
no fundo dessa gruta
abre-o de leve
e escuta:
há uma gota que escreve
na pedra de granito
um verso dolorosamente aflito
e desenha uma face
como se desenhasse
um grito.

Santos, 1952

Garçoniere emprestada

Deve haver um amigo meu
que tenha uma garçoniere
e que me emprestará a chave,
uma garçoniere onde a amante chegará
da praia, queimada de sol;
e depois irá embora deixando,
entre a porta e o ter ido embora,
a deliciosa sensação de ter estado ali,
pois o ter tido a amante
é aliviadamente melhor do que tê-la
e ter que falar com ela, depois.

Uma garçoniere onde,
depois que a amante se vai,
pode-se ocupar tranquilamente
os espaços deixados pelo ter ido a amante,
assim a recordação do recente
ainda não tem a inconveniente
saudade futura do passado,
o ter ido embora a amante
repousa relaxadamente
naquele mínimo recente do ainda agora.

Deve haver um amigo meu
que tenha uma garçoniere,
um apartamento para encontros dos desencontrados
e possivelmente há de emprestar-me a chave
a chave para abrir o impossível sem porta.

Uma garçoniere à prova de som
para os gritos de intensos orgasmos
e à prova de vizinhos,
um apartamento onde o telefone não toca jamais,
onde não há empregados
que vêm dar recados como acontece
em lugares onde os telefones tocam,
recados que se recebem com vergonha,
porque sempre chegam quando se está dormindo
e, mesmo depois, incomodam o sono já despertado
porque são problemas para logo mais
e tiram a paz
do mínimo recente do ainda agora.

Uma garçoniere de onde se possa
sair para a rua
e passear na calçada em frente.
Desconhecidamente.
Chegar ao bar da esquina
e não ser cumprimentado,
uma garçoniere, onde não chegam

carteiros, nem telegramas, nem cobranças,
nem cartões de Natal,
onde nada chega
a não ser a amante,
que apenas chega para ir embora
depois de entregar a paz
daquele mínimo recente do ainda agora.

Uma garçoniere onde se possa
ficar absolutamente só
numa circundante solidão total,
solidão que levaria à loucura
se não fosse na garçoniere
cuja porta está fechada a chave
pelo impossível.

Certamente haverá um amigo meu
que tenha esse necessário apartamento
desde que seus negócios urgentes
deixaram de ser urgentes
por não haver urgência na rotina.
Uma garçoniere que lhe daria
sérias complicações numa revolução socialista
por ser propriedade ociosa,
um desses apartamentos de que falam
os políticos em discursos nas favelas,
enquanto famílias inteiras dormem

em apertados quartos de barracos,
sem recente, sem ainda, sem agora,
apenas com o mínimo de bens
arrastados pela chuvarada
rumo à desgraça do impossível sem porta.

Haverá, por certo, um amigo meu
que tenha esse necessário e urgente apartamento
e que emprestará a chave,
uma garçoniere onde se quebra a cama
e se pede desculpas pelo telefone,
quando se ouvirá o clássico não foi nada
e a elogiosa cumplicidade
do dono da garçoniere,
que ficará imaginando proezas sexuais sem limites,
para felicidade dele
que só pode imaginar isto.

Uma garçoniere onde
se possa, depois da amante,
dormir em paz
e acordar em sobressalto
por ter que ir embora
para dormir sem paz.

Ou, talvez, ficar-se ali
para morrer ali

sem gritarias de pessoas
e causar um grande embaraço
ao dono da garçoniere,
um desconcertante mal-estar
nas pessoas que ficarem sabendo,
uma vergonha, um escândalo
segundo os padrões atuais dos que não usam
        garçoniere,
um secreto prazer dos diminutos inimigos
da mulher de quem morrer ali,
ali onde, só e tranquilo, pode-se
deixar a vida em silêncio
e ficar inteiramente dentro da morte
até que o encontrem
quando não mais for possível
alterar a rigidez que se adquiriu com a paz
naquele mínimo recente do ainda agora
e nunca mais, com a porta do impossível trancada
e a chave jogada na enxurrada das inutilidades.

São Paulo, 1953

Paris

Sou turista.
As coisas existem porque eu as vejo.
Não haveria cores se não houvesse olhos.
Paris existe
porque eu sou turista.
Os reis, os imperadores, os conquistadores
não viram nada,
apenas o complicado povo
que se dividia diante deles.
Luízes, Napoleões, de Gaulles.
Não estão mais aqui.
Nunca mais estarão aqui,
nem o povo que os discutia.
Somente eu continuo em Paris,
sou turista,
estarei sempre aqui.

Filósofos, poetas, políticos,
não há mais ninguém aqui,
estavam de passagem:
os que protestam jogam bombas,

discutem, gastam papéis nos livros e nos jornais,
fazem infernal barulho entre eles próprios
e desaparecem.
E suas ideias são arquivadas de olhos fechados nos
museus, passado para ser exibido no futuro.
Somente eu continuo aqui
por ser turista.

E por ser turista
a cidade é minha,
ainda que tumultuada pelos franceses
que sempre desaparecerão por serem episódicos,
eles estão de passagem,
por isto os tolero e os perdoo.
Mas eu continuarei aqui
sempre, sempre, sempre,
e ouvindo histórias de mortas eternidades
dos heroicos franceses dos tempos antigos,
igualmente mortos, eles e os tempos,
e dos candidatos a heróis ou a celebridades,
e que morrerão necessariamente,
histórias que se acumulam
apenas para conservar a cidade
que me pertence.

Sou turista.
Paris é meu
porque o único eterno vivo sou eu, o não herói,
o seu turista de olhos abertos e anônimo,
que a possui sem discutir nada,
sem ideias, mas, sem ódios,
porque a eternidade não tem nome
e mora em Paris.

Paris, 1985

Escravo azul

A um simples toque de minha mão,
acende-se a lâmpada de Aladim.
E o escravo azul cumpre-me todos os desejos,
sem limitações, infinitamente todos.

Leva-me ao Louvre e à Mona Lisa,
sem multidões, somente Da Vinci e eu,
frente a frente: o silêncio desenha o sorriso
com menor mistério.
Saio e, imediatamente, vou às praias do Pacífico,
ou a Cumbuco, Ceará, absurdo em suas raias,
vela, vida, cachaça e sol,
e pulo sobre o Everest, branco e frio,
velho demente atormentado por névoas eternas;
desço em África,
meninos magros, fome, dor demais,
não quero e clico, clico, clico.

Japão, cerejeiras, feira de orquídeas,
haikai de Bashô, porta de Kioto.
        Chega. No meu canto imóvel,
quero, agora, pássaros e o sonoro canto deles,
tenho todos, maravilhosamente todos.

Cantam azul e no bico levam o bóson de Higgs,
sem colisões, sem violência, sem saber
quem pensou o universo.

Antes dos americanos, leio o New York Times,
confiro o Financial Times, em Londres.
Volto. Folha, Globo, Veja, Estado, Zero Hora.
Fico sabendo das crises financeiras,
dos estelionatos em derivativos,
dos euros comidos pelos deuses gregos,
tudo bem explicado pelos entendidos
que não deram certo e tornam a explicar por quê.

E de novo, sem passaporte e sem alfândega,
Paris, Itália, Veneza, futebol,
poetas em todas as línguas,
as mesmas e lindas formas de sonhar,
nos idiomas que entendo.
Suponho haver igual angústia
na expressão dos que não entendo,
e maldigo minha ignorância
limitada a poucos idiomas.

Quero saber tudo sobre pulgas,
e o escravo azul responde em alguns segundos,
quero saber tudo sobre nuvens,
chuvas, sol, furacões, tempestades,

mares encapelados e calmarias,
o planeta e o universo são-me entregues,
submissos, dóceis, súditos obedientes,
fotos, filmes, satélites, continentes, oceanos, tsunamis,
expostos aos meus olhos
e posso espionar a trama divina
a cada instante no processo molecular da eternidade
da célula tronco aos sistemas estelares em outras
galáxias.

Circulo pelo espaço, esbarro em mulheres lindas,
e, em alguns momentos, agridem-me os
necessários idiotas,
estelionatários com direito a bobagens
existentes em todos os tempos,
que o complicado processo da vida
instituiu para as pedrações da sobrevivência.
Afinal, o big-bang também é idiotice moderna
e em alguns séculos inteiramente absurdo
aos olhos de qualquer Galileu.

Clico. Entro nas universidades, colho ciências,
as maravilhosas ciências, empilhadas umas
sobre as outras,
as mais novas, as aperfeiçoadas ontem, e minhas,
a um toque.
Subitamente sou um sábio universal,

sei tudo, tenho tudo, vejo tudo, vou a tudo.
Surpreendo-me fazendo cálculos algébricos em
segundos,
eu, que não sei tabuada.
Pulo os tribunais. Ciência jurídica não.
Mas deixa-me ver um pouquinho só.
A justiça ainda existe?
Dúvida que assusta.
E me conformo com isso: o susto é dúvida.

Súbito tilinta a campainha do FaceTime.
Alguém me tira do mundo e bota a cara na minha tela
para falar bobagens ou saudades depois de um rápido oi.

Desligo o computador.
E meu Aladim
apaga a lâmpada azul.
Mas fica ali, escravizado à minha espera,
para que amanhã possa voltar ao meu império,
que nenhum conquistador teve jamais.
Nem Césares, nem Mings, Gêngis Khan, Czares,
Napoleão ou otomanos sultões, tiveram poder
igual ao meu.
Não passaram de pobres alucinados
que andaram a pé, ou a cavalo, ensanguentando
caminhos,
para ter alguns palmos do mundo,

sem ganhar as gentes
nem a beleza universal das coisas
e dos mistérios,
apenas o mar dos navegadores e das estrelas.

Sou, sem exércitos, o imperador dos homens
e da sabedoria dos povos, súditos meus,
domino as artes, consumo as culturas,
ordeno milagres, comando os conhecimentos,
aproximo-me dos planetas, vejo estrelas que morreram,
navego nas galáxias e brinco na luz de milhões de anos,
tudo silenciosamente e sem discussões,
sem timidez ou inibição para reinar,
exatamente igual ao meu império de sonhos
sob a mangueira do pomar de minha infância,
quando concebia ser possível garimpar estrelas
que, hoje, toco na ponta dos dedos.

Fantástico é saber que, no mesmo instante,
milhões de pessoas
(menos o Fernando, coitado dele, que isso não teve)
são imperadores como eu, sem guerras, sem disputas,
reinando igual e ao mesmo tempo
nos ventres dos computadores com o Google
de todas as respostas,
e onde os gênios mágicos continuarão presos
por mais dez milênios

com avanços tecnológicos a cada minuto,
e o minuto atrevidamente tem a duração de milênios.

Monarca, senhor do mundo e do espaço,
sou o todo poderoso conquistador de tudo,
apenas armado com pacíficos e ínfimos instrumentos:
o computador, o mouse, meu tablet e um submisso
servidor,
meu arsenal de conquista e de defesa.
Quando tentam me chamar de volta
para o entorno real da antiga vida,
o sistema está ocupado (desliguei o Skype, o FaceTime,
o e-mail, os irritantes Facebook e Twiter)
e salvo meu império de misérias e abundâncias
com Steve Jobs, Bill Gates e Dennis Ritchie
servindo-me miniaturas de belezas sem distâncias:
o mundo é meu, sem susto.
Só não posso, pela dúvida, fazê-lo justo.

Ribeirão Preto, 2010

Poema a meu pai

Meu pai, eu sou tua ressurreição,
herdei-te o rosto, a fé e o sentimento,
herdei-te a paz, o dentro mais profundo.
Ao caminharmos para a perfeição
tenho a impressão de que, certo momento,
fomos um só na criação do mundo.

Viemos de geração em geração,
iguais na vida e morte, que é semente,
multiplicados a nos renascer,
sentindo, a cada nova criação,
o outro querendo ser eternamente
o que um não teve tempo para ser.

Somos tão nós, que a vida nos reflete
como dois incansáveis andarilhos
através de velhice e mocidade.
Por tão imenso o amor, que nos repete,
renasceremos juntos em meus filhos
e chegaremos um, na eternidade.

Santos, 1952

Sonho

"Senti que me perdoava,
porém nada dizia."
(Carlos Drummond de Andrade)

No sonho meu pai retorna
e fala comigo,
o mesmo velho amigo
dos longos e varridos tempos.
Vejo-o com absoluta nitidez
e sei que é sonho,
mas tenho medo de acordar
para que ele não morra outra vez.

Serra Negra, 1970

A primeira vez

"Sobre o muro em ruína
uma roseira em flor."
(Vicente de Carvalho)

Para Eunice

Afinal deu-se comigo:
nasceu a orquídea no velho tronco,
floriu a hera no muro antigo.
Nem o pavor de ser ridículo
impede-me de amar,
pois é a primeira vez que amo
porque sinto o mesmo desassossegado susto
da primeira vez que amei.

Amar pela primeira vez agora
é igual a qualquer primeira vez antiga,
mas esta primeira vez, no fim da vida,
é a primeira vez mais querida,
parece mais primeira do que as outras
e, pela primeira vez,
tenho a certeza, que me faltou antes,
a de ser esta a última primeira vez.

Brasília, 1988

Poesias da roça

Safra ou Missa

Faz mais de um ano que não vem padre no sítio.
Por mim é indiferente que venha ou não.
Deus há de compreender que preciso da colheita
e que tenho de escolher entre comprar adubo
e pagar a missa.
Mal comparando, a verdade que mais entendo
é a que posso ver. E o que vejo é a terra magra
que o vento varreu com vassoura de piaçaba.

Não fosse por Maria Rosa, nem a imagem do santo
eu teria comprado para a capela.
Bastava o papel de seda e a toalha que ela rendou.
Não tenho medo que isto seja pecado,
porque acredito que Deus
não tenha vergonha
de um sítio de pobre
já que o mundo ele criou do nada.

Se tiver, não vale o terço que seu Joaquim puxa toda a
    noite
e não valeu nada a primeira comunhão de nossa menina,
que teve de fazer o vestido novo de toalha branca.

Mas, sem pagar, o padre não vem! E dizem que a capela
irá perdendo a santidade.
Quem sabe se a safra deste ano
dará para pagar a missa!

Enquanto isto carrego nas costas
balaios de chuvas
e toneladas de sol.

Cravinhos, 1948

Era hoje

Cheguei meio embriagado de neblina
para a cantoria daquela noite
arrastada na ponta do laço.

Era hoje.
Bati meu chapéu na cara do sol poente
e rasguei as brumas de espora
para chegar mais logo.

Era hoje.
Até meu cavalo relinchou
quando paramos na porta da casa dela.

Era hoje.
Ela estava lá, as pernas mornas,
flor no cabelo, cheiro de fêmea.

Era hoje e foi.
Viola e cachaça, lenha no fogo,
rios cruzados nas mãos agarradas,
fomos para o fundo da estrada,
a roupa tirou a vergonha,
que frio, que nada,

ficamos vestidos de suor,
enrolados na tontura de um pelo outro.

Eta mundo bom!
E sem porteira!
Meu cavalo relinchou de novo
dentro do escuro da noite louca.
Se houvesse lua, eu teria visto
o rosto dela gemendo de grito segurado.

Mas eu volto na lua que vem.

Cravinhos, 1949

Enxadeiro

Gosto de assobiar quando a tarde morre
na garganta líquida da fonte.
Sinto um prazer úmido em lavar a enxada
entre os seixos nas águas claras.
O corte gasto brilha, é uma lua limpa.
A água lavando a terra da meia-lua de aço,
e o cansaço da tarde lavando o sol dos meus ombros.
Gosto de assobiar uma canção de boiadeiro
na hora líquida da fonte.

Cravinhos, 1949

Flores do Ipê

Caiu sobre as águas do rio
as derrubadas flores amarelas
quando a revoada de pássaros
agitou o ipê florido
na manhã última de junho.

Meu inverno de enxadeiro
deixou crescer barba gelada,
brilhante e úmida,
no trilho da roça.

Vou varar o sol, pensando nela,
que me deu noite quente
quase não dormida.
Sei lá se aguento dobrar o dia.
Mas é a vida
que tenho de viver,
faça frio ou faça nada,
agora é carpir, bater enxada.
Pena que as águas levaram
as flores amarelas.
Podia ter guardado algumas
para os cabelos dela.

Cravinhos, 1949

Pescador de Bagre

Na noite em que chovia muito e mais
eu voltava do rio
descalço, atravessando os milharais,
enrolado no frio.

Somente um bagre no embornal vazio
e o pavor da trovoada,
a noite havia me roubado o trilho
e me escondido a estrada.

Batia a chuva em minha face nua
tapas de minha mãe,
eu ia chegar tarde, em plena chuva,
sem peixe pra ninguém.

Cheguei, chorei, mostrei o embornal
e o meu pequeno bagre,
disseram que eu estar vivo era, afinal,
verdadeiro milagre.

Meu imultiplicado peixe espia
a gente que não o come,
que, por mim e por simples alegria
de me ver, perde a fome!

Encosto minha vara de pescar
ao lado do fogão,
durmo ao colo da mãe para sonhar
sem medo do trovão.

A chuva não me baterá jamais:
a manhã passará,
irei de novo ao rio e aos milharais:
um bagre só não dá.

Cravinhos, 1946

Beira do fogo

"O fortunatos nimium, sua
*si bona norint, agricolas!"**
(Virgílio, Geórgicas, Livro II, 458-459)

Os pássaros voariam para a morte
se soubessem a mentira dos horizontes
e não cantariam mais
se alcançassem o sol.

Esperar nas montanhas
a hora fria do poente é mais sábio:
sou um enxadeiro cansado demais
para voar.
Estou doente de tanto andar sonhando
e hoje vou dormir sem susto
como se nunca tivesse sonhado.

Encostei minha enxada
ao lado quente do fogo de lenha,
velhos galhos, onde pousaram aves
e existiram ninhos,
e que agora queimam para me aquecer.

* Tradução: "Oh! camponeses, como seriam felizes se soubessem sua felicidade."

Sinto-me culpado disto
porque sou o que é sempre culpado
mesmo ao próprio juízo.
Ainda bem que existe a noite,
que me impede de ver a terra,
mais doente do que eu,
ela permite que eu encoste a enxada,
aliviadamente, aliviadamente,
e que possa dormir
como quem nunca tivesse pensado em nada.

Cravinhos, 1950

Oitava de enxadeiro

Perdi roça, perdi tudo,
menos a esperança em Cristo.
Pobre, creio em Deus e tanto!
Nada me roubará isto,
nem seca, enchente ou geada,
creio em Deus e resisto.
E se Deus não existir,
nele, porque creio, existo.

Cravinhos, 1949

Espantalho

Sou o espantalho
esquecido na roça depois da colheita,
inúteis retalhos
chovidos de desbotados tons
por aves já pousados.

Desnecessário guardião
de sementes e flores
que deram frutos
e não me agradeceram.

Somente a lua cheia
vem me espiar e faz mexer-se
a longa cruz de sombra
que se estende sobre a terra colhida:
minha vida, minha vida, minha vida.

Cravinhos, 1949

Se o tempo tivesse parado

Se o tempo tivesse parado
na venda de beira de estrada
que ia para a fazenda.
Naquele gole de cachaça,
na fumaça azul do cigarro de palha,
no fumo de corda
cortado com calma,
naquela venda,
onde do lado do avesso
minha alma se alucinava
esperando a moça passar,
moça de pernas grossas
seios pequenos,
malícia no olhar
cabelos morenos
e um jeito torcido de andar.

E minha vontade
que loucura de vontade
que o padre dizia ser pecado
a não ser quando casado,
coisa que eu não entendia,
era alta filosofia

mistério da religião
coisas de respeitar.

Corre atrás dela, rapaz!
Ela se assanhou para o seu lado.
Corre atrás!

Se o tempo tivesse parado
naquela venda
antes que ela tivesse dobrado
a curva da estrada da fazenda
quando ainda olhou para trás
ao fechar a porteira.
Corre atrás dela, rapaz!
Corre atrás!

Jeito nenhum
canivete com raiva
no fumo de corda
outra cachaça, sem valentia,
apenas ternura, sem tesão,
a vontade mudando por dentro
virando estrelas e canção
para o sonho de muitas noites.
Ah! Se o tempo tivesse parado
naquele tempo!

Cravinhos, 1949

Qualquer coisa de Jesus

Parece que ainda existe
qualquer coisa de Jesus,
qualquer coisa de anos-luz,
que se não deforma ou cansa,
mais forte que o tempo e o espaço,
que as verdades que me impus,
qualquer coisa que ainda dura
e mansamente conduz
ao inexplicado que acalma
pelo olhar de olhos azuis,
sem igrejas, sem rituais,
sem sambas e atabaques,
sem tangos à meia-luz,
sem breques e fox blue,
sem símbolos e sem cruz.

Há qualquer coisa que existe
como jamais eu supus,
no olhar dos meninos nus,
na dor da doença incurável,
no pus da ferida em que pus
antibiótico e esperança,
e na esperança é que há
qualquer coisa de Jesus.

Um Jesus diferente
desse outro que está preso
eternamente na cruz,
um Jesus não explorado,
nem vendido ou leiloado,
um Jesus não descoberto,
um diferente Jesus
desse outro que está preso
eternamente na cruz,
nessa cruz de onde o tirei,
e onde, por ele, eu me pus.

Cravinhos, 1950

Sino de minha aldeia

"Oh sino da minha aldeia."
(Fernando Pessoa)

Por aqui, Senhor, a morte não faz perguntas
e por isto não tem respostas.
Morte é morte,
é o homem valente
que de repente
não é mais:
está na terra de mãos no peito,
formiga na boca,
e vira santo,
pois homem morto
não tem defeito,
a morte limpa
não faz pergunta
não quer resposta.

Faz um tempão
que não tem pão.
Faz um tempão
que não tem pão.

Isso aí, Senhor, é o sino.
Ele bate pela morte.
Foi sempre assim, Senhor,
Sempre assim, o sino.

Tem pão, tem não,
não tem, tem não
faz um tempão
que não tem pão,
tem não, tem não.

Morte é morte.
E só existe na vida,
tendo havido a vida
vai haver a morte.
Isto consola,
pois se não houvesse a morte
este lugar acabara de gente.
E a gente está aí,
a morte muito igualmente
também está de olho na gente.

Faz um tempão
que não tem pão.

Mas tem morte
que não pergunta,
a pergunta aqui, Senhor,
é a vida,
esta, sim, pergunta
e a resposta é a morte
sempre muito igualmente,
desde quando, não fosse o medo,
eu devia ter sido menino.

Faz um tempão
que não tem pão.

Isso aí, Senhor, é o sino.

Café

(A poesia da terra e das enxadas)

Nota: são poemas escritos na roça, mas apenas versam sobre o café. Por isso foram aqui separados das demais poesias roceiras. Fase: 1945 a 1951, com algumas alterações posteriores.

Prefácio

A poesia é o poeta: pois que o fruto é a terra.
Raiz, tronco, seiva, folhagem, flor – tais como sentimento,
ideia, ritmo, imagem, verbo –, são apenas etapas na identificação do fruto
com a terra, da poesia com o poeta.
Portanto, POETA = TERRA.

*

Não fosse isso um axioma, bastaria, para dar evidência à fórmula, o "caso" Saulo Ramos.

Moço de vinte e três anos, representa ele a sexta geração numa bem medrada árvore genealógica de cafeicultores. Árvore brotada da boa mancheia de sementes que, em 1775, lançada pelo vice-rei marquês do Lavradio às terras núbeis de São João Marcos e Campo Alegre, foi verrumando raízes que desceriam, cada vez mais, pelo Vale do Paraíba. E há, em 1803, o capitão Miguel Pedroso Barreto já vendendo glebas de cafezais; e, em 1872, o comendador Fabiano Pereira Barreto exportando, rio abaixo, as primeiras quinze mil sacas de café; e seu filho, o grande Luiz Pereira Barreto, descobrindo, na Alta Mogiana, a Canaan do café; e, com ele, mais tarde, seu sobrinho João Pereira Ramos abrindo fazendas nas terras roxas de São Paulo; e, depois das duas consecutivas calamidades – a econômica de 1929 e a política de 1930 –, Floriano Pereira Ramos tentando, em 1934, recomeçar a lavoura na fazenda "Santa Luzia", do município de Cravinhos, com duzentos mil pés de café, que reduzira à metade a estupidez da arma suicida do DNC diretamente erguida contra a riqueza paulista.

Filho de Floriano Pereira Ramos – um dos tantos nobres homens de São Paulo crucificados no "madeiro verde" –, Saulo Ramos é, então, uma criança de cinco anos. Menino do São Paulo fazendeiro, nascido entre duas hecatombes – 1929-1930 – e, pois, sob o signo de uma estrela de revolta, sua inteligente precocidade sabe ver, nessa sacrificada "Santa Luzia" de seu pai, um barco avariado que atirasse ao mar a carga preciosa para adiar o naufrágio. Sem deixar a fazenda, na escola rural estuda as primeiras letras. Ausenta-se durante três anos, apenas por ter que concluir o curso ginasial. E volta para, agora, não mais instintiva e intuitiva, e sim já conscientemente, sofrer, com os seus, o injusto e heroico martírio de suas lavras. E...

... e Saulo Ramos me conta, quase confidencial:

— *A fazenda era bonita... Tinha um pomar e muitos horizontes... Um lago e a minha infância... As longas ruas de café... As leiras em ondas de terra roxa... A viola dos colonos... E, principalmente, a ameaça da pobreza absoluta engatilhada no dia seguinte... Tudo isso, aos poucos, em mim se fez ritmo: e nasceram meus primeiros versos... Sem sair da fazenda – de cima dos tratores ou na poeira das colheitas – achava sempre algum assunto: e de noite escrevia para jornais do in-*

terior... Quinze anos, com minha família, dentro do cafezal: nenhum contato com sociedade, com divertimentos... Acostumei-me a isso: achei até bom... Pelo menos, esse sacrifício representava a manutenção da terra e – quem sabe? – uma esperança?... Para que ir à cidade? A gente, aí, era chamado "filho de fazendeiro", isto é, "rico"; sentia o amargor da ironia, mas não protestava: era preciso manter a ilusão de que "a fazenda dava", para achar, um dia, comprador... Era essa a situação de todos os lavradores de minha zona, eu sei... Faz um ano e tanto, meu pai me fez ver que não seria mais possível continuar. "Meus filhos não serão mais fazendeiros" – disse. E vendeu a fazenda. Estava partida a linha de seis gerações de cafeicultores. E a minha poesia foi o ponto final...

Não. A poesia de Saulo Ramos foi a nova frutificação da generosa árvore genealógica. E que safra!

*

Eis a legitimidade do nosso poeta do café.

Este livro – primeiro e, fatalmente, último na poesia nacional – é uma versão, em beleza, da história do café, isto é, da verdadeira história econômica do Brasil. Narrada, por quem tem o direito de narrá-la, quase toda em hendecassílabo e redondilha maior – que são os ritmos naturais do nosso alento –, transforma-se por isso, sem querer, sem saber, numa gesta eminentemente popular. É o poema heroico em todas as suas nobres feições. Nem um só ponto de referência lhe falta: nem a realidade, nem a fantasia, isto é, nem o humano da ação, nem o maravilhoso da lenda. Se aí se pintam tanto as delícias da força pela conquista da terra na beleza da derrubada, da carpa, do plantio, da produção, da florada, da granulação, da colheita, do benefício, do embarque; como as desgraças da geada, da seca, da erosão, da broca, do granizo, da cota de sacrifício, do abandono...; também aí se desenham as delirantes fugas para as imaginações de Bunn, para as legendas de Palheta, para as aquáticas seduções da Yara, para os terrenos amavios de Guacira, para os folclóricos desvios das adivinhações supersticiosas, das noites de lobisomem, do "colar de café", dos "Santo-Reis"...

Diante deste primeiro livro de um poeta primeiro, tenho a impressão de que os donos do Brasil – se ainda lhes resta uma réstia de iluminação interior – hão de sentir-se diante de um espelho. Mirem-se nele e resolvam. Se forem capazes, resolvam qualquer coisa: sorrir ou arrepender-se de si mesmos.

São Paulo, abril, 8, 1953.

Guilherme de Almeida

Esta é a história de outros Fernão Dias,
que tiveram também seus sonhos verdes
e semearam esmeraldas verdadeiras.

Esmeraldas que, à força de tanto abandono,
de tanto sol, de tanto tão pouco,
foram virando turmalinas pálidas,
voltando ao pó da terra,
ao sumidouro do cansaço
porque ninguém quis compreender
os bandeirantes das enxadas.

Mendigo verde

Mendigo verde estende os braços secos
e lança tua magra sombra em mim.
Tuas chagas são flores cor de alma
e há um princípio de amor nesse teu fim.
Teus braços tortos jorram sangue em gotas,
tua cabeça inclina-se ao sol-posto,
meu coração é o pano com que enxugo
a imagem derramada de teu rosto.
Mendigo verde, os trapos de teu corpo
são folhas de mãos-postas – orações! –
Ouve as aves que pousam nos teus braços:
elas te pedem todos os perdões.
São remorsos dos homens enforcados
nos pêndulos das árvores da história.
Mendigo verde, não te vás ainda:
quero beber-te a última memória!

Lenda

Era uma vez
uma ovelha e um pastor.
A ovelha comeu as folhas,
e o pastor provou o fruto.
Os dois ficaram encantados,
conheceram a mágica
de espantar o sono.
E, acordados, sonharam
mais clara
a força de viver.

Então as montanhas do Iêmen
e as terras da Etiópia
choraram lágrimas vermelhas.
E o milagre mais estranho
aconteceu na entranha da noite.

Aquelas que conheciam o pensamento
já não dormiam mais
porque a nova noite era feita de meditações.

Aí o homem compreendeu que,
para pensar longamente,
era preciso beber a noite.

O poema de Bunn

Tinhas a essência da noite
na tua cor e no teu destino.
Guardavas o segredo das vigílias
e as horas silenciosas das meditações.
Trazias a fórmula
que se procurava para conhecer caminhos,
porque eras feito de noite e de vigília.
Querias manter a lucidez do mundo
e por isto, reis e deuses,
temeram tua sentença
e tua revelação.

Quem provar tua noite
não adormece diante dos grandes pensamentos
e não teme o desafio dos mistérios.

O povo amou tua cor
e te protegeu contra os reis
porque tua essência trazia sentenças.
Afinal encontraste o teu caminho de contrastes,
e o mundo se transformou em tua presença,
porque eras feito de noite e de vigília.

Manhã à beira-mato

O dia acordou na festa
das luzes estabanadas
que ficaram penduradas
nas árvores da floresta.
Ninguém conseguiu detê-las:
vivas, nos bicos das aves,
brancas, nas pontas das folhas,
davam adeus às estrelas.
Eram alegres crianças
despertadas que traziam
na mão o dia novinho,
orvalhado em esperanças
molhando o pó do caminho,
pondo perfume nas flores,
pondo umidade no ar,
um cheiro de penas de aves,
som de perfumes e cores
bom de ouvir, bom de cheirar,
dentro da mata encantada,
de tantas carícias suaves
que existem no bocejar,
no hálito da madrugada
que acorda beijando o chão!

Árvores descabeladas
com cara de manhã cedo,
cheirando a rio de pasto
coberto de cerração!
E do rastro das boiadas
(ninguém sabe este segredo!)
que amassa a terra do vasto
bebedouro do riacho
desprende-se um cheiro quente
de baixo dos arvoredos
empurrando a madrugada
bem devagarzinho e rente
ao chão, nas ervas rasteiras,
com carícias feiticeiras
protegendo-as da geada!

E a manhã, já preparada
com perfumes e com brumas,
ordenou que entrasse o dia
no canto da passarada
e se enfeitou com as plumas
das luzes e da alegria!
E então o dia entrando
no bico dos passarinhos

trouxe uma taça dourada
e foi indo, derramando
gotas de sol nos caminhos,
tonto de cores no ar.
E de tanta cor que tinha
deixou a manhã novinha
que deu gosto de acordar!

Derrubada
(Desmatamento)

Todos os pica-paus vieram ver
aquele barulhão dentro do mato
no dia em que a manhã foi despertada
por golpes de machados cantadores
que, ao compasso dos braços gemedores,
cantavam o réquiem da derrubada.
Eram pancadas de chicotes e machados,
negros e troncos soluçavam juntos,
um lamento comprido que cortava
profundo o coração da mata inteira
e levava aos duendes espantados
o aviso de uma nova feiticeira
que tinha um outro sol de espigas louras
desvirginando a terra quente e boa
para o leito de noiva das lavouras.

E que susto levou a passarada
quando a primeira árvore tombada,
com galhos e cipós em desalinhos,
perdeu aquele ar de eternidade
levando tudo, flores, dignidade,
na poeira de ramos e de ninhos.

Lá vai lenho! É a árvore no chão.
Que estranha sensação de ver morrer
o que era eterno. E agora? O que vai ser
do que nasceu sem vocação para vida?
O machado e esta lâmina que corta,
o verde e a árvore caída e morta.
Como dói! Cada árvore caída
é uma oração interrompida.

Oração interrompida
a árvore caída.
E seus pássaros onde pousarão?
Os galhos arrastados
verdes assassinados
jogados pelo chão.
E ninguém de joelhos
para pedir perdão.

Preparação da terra

A mata é uma noite verde
de perfumes nas guapiras,
que dorme na grande rede
trançada em cipós de embiras.
E tem flores perturbadas
com perfumes de si mesmas,
são canções esbranquiçadas
de virgens e de belezas
espalhadas pelo chão,
à espera de fecundação.

Um instante depois
de haver morrido a noite verde,
as luzes do dia cedo de penas coloridas
ficaram enroscadas nas raízes
das grandes árvores tombadas.
A terra pura e nua, despertada
na surpresa de novas madrugadas,
ninho imenso de pássaros felizes,
lábios trêmulos de mulheres virgens,
rosto vermelho de menina envergonhada,
despiu-se num abismo de vertigens
e assim mostrou-se ao sol.

Dançou a dança sádica da enxada
na festa da manhã inaugural,
dando beijos de pó na luz do dia
do tamanho de um beijo universal!

Uma nuvem de fumaça
foi contar a Deus, nas alturas,
que a mata estava vencida.
E nos galhos, restos vivos,
de cada árvore caída
sob os olhos da aflição,
os machados repetiam
as pancadas afiadas
da nova mutilação.

Os troncos, pobres coitados,
barrigudos e pesados,
ridículos moribundos,
iam sendo arrastados
muito vagarosamente
pelos passos demorados
de magros bois pacientes.
Na terra o rastro vermelho,
arranhões pelo chão.
E ninguém de joelhos
para pedir perdão.

A terra menina moça,
com seios ensanguentados,
chorou nuvens de poeira
pelas árvores perdidas,
mas teve outros namorados
e foi moça a vida inteira!

Assim foi feita a nossa Salomé
na dança de barganha ao nosso modo:
de um lado a mata morta em alvoroço
de outro o batista na bandeja de café.

Oração interrompida
a árvore caída.
E seus pássaros onde pousarão?
Os galhos arrastados
verdes assassinados
jogados pelo chão.
E ninguém de joelhos
para pedir perdão.

Fraternidade

E se acauso entrar em quintal ou jardim ou rossa ahonde houver cafee com pretexto de provar alguma fruta verá se pode esconder algum par de graons com todo o disfarce e com toda a cautella e recomendará ao dito Cabo que volte com toda a brevidade e não thome cousa nenhuma fiada aos franceses nem trate com eles negocios.

(Recomendações do "Regimento" de João da Maia da Gama, quando o Sargento-Mor Francisco de Mello Palleta esteve em missão junto ao Conde Claude d'Orvilliers, Governador da Guiana Francesa.)

O Bispo Frei de São João Queirós conta que a mulher do Governador desobedeceu à proibição feita aos nacionais de se comunicarem com o português Palleta:

...indo este visitar o seu marido, e saindo todos a passeio, ela generosamente lhe ofereceu, em presença do esposo (que se sorriu), uma mão cheia de pevides de café, praticando a galanteria de ser a mesma que lhas introduziu no bolso da casaca, obrigando-o de tal sorte, que lhe não sobejaram as expressões com que mostrou agradecer a Madame esta franqueza e bizarria.

Corre Palheta de encontro ao futuro.
Leva na mão o desejo da terra,

a nossa, e pega esse fruto, o fruto
verde e vermelho, que, um dia e maduro,
matará nossa fome! E volte breve.
Minta, disfarça, engana, mas não perca
a chance, a tua, de voltar com ele.
É desse jeito assim que a vida escreve
a história dos heróis, que são capazes
de transformar o mundo por audazes,
inesperados gestos de coragem,
a de pegar um simples grão maduro
e refazer inteira a paisagem,
carregando no bolso o seu futuro.

Palheta partiu
com impulsos de asas,
levava mentiras,
pulou a fronteira,
a linha que não existe,
mas que divide as conquistas
de tão teimosas que são.
E o soldado que saíra
para enganar e trair
teve a primeira lição
vinda do grão de café,
que o gesto de uma mulher
ofereceu-lhe de graça

por simples fraternidade:
"Um risco divide o grão.
Vês? É tua uma metade,
a outra é de teu irmão."

Volta Palheta, e de pressa,
com esses grãos de café.
O Brasil te espera na
Serra do Baturité,
Da lição nunca se esqueça,
gesto daquela mulher,
O café te fez herói,
mas ela ensinou-te a fé
nos direitos fraternais.
Que assim sejam para sempre
os gestos e os cafezais.

Canaan!

E o café, feito um saci,
montado nas costas do negro,
saiu procurando noivas
pelo baú colorido
dessas terras do Brasil.
Havia terras de lua
e terras cor da manhã.
Umas vestidas de nuvens
com fiapos de algodão,
e outras ardendo em desejos
intumescida de sangue
no peito da jaçanã.

Então o pássaro verde
saiu dos ombros do preto,
dos ombros grossos e brutos,
e quis a terra mulata
que tem a cor de seus frutos
e que conserva em seu sangue
o calor virgem da mata.

E quando enfim o café
que saíra atrás de noivas
pelas matas derrubadas,
avistou no chão vermelho
duas árvores de pé,
ali mesmo, de joelhos,
com ânsias de eternidade,
trabalhou a vida inteira
com as mãos cheias de terra,
pés carregados de tempo
sob sombras e silêncio
do Paudalho e da Figueira.

E tudo já estava pronto!
Cercas de moirões queimados,
as casas enfileiradas,
as porteiras gemedoras,
terreiro de chão batido
e perfis de bananeiras,
até violas encordoadas
com os fios do luar
para as noites de fogueiras,
negras que contavam lendas
para os poetas mulatos,
a cachoeira, o pau-do-sino
de acordar a madrugada,
cruzes plantadas na estrada.

E tudo já estava pronto,
pronto e bonito demais,
quando uma a uma as fazendas
foram pulando dos matos
na ponta dos cafezais.

Cântico dos cânticos

Dá-me esse beijo de fruto vermelho.
Dá-me agora o gosto morno
do café coado na hora,
deixa-me acariciar o contorno
de teu corpo como quem demora
a vida para adiá-la e só
quero ouvir o som de tua fala.
Mais nada.
Tua pele morena é queimada
pelo sangue da raça
e não pelos raios do sol.

Vem, que a terra conserva
o calor da pancada da enxada.
Meu leito é de terra e de erva,
e tem a cor de tua pele,
a marca de tua mão
quando deitas de costas olhando o céu
e, distraidamente,
acaricias o chão.

Todas as flores caíram
porque pensei em teu pé,
caíram no meu leito de terra e de folhas.
Fala! Fala!
A voz em teus lábios
imita o voo das rolas.
Teus olhos são gotas
do café que bebo à sombra da figueira.
Teus lábios revelam a paz
da terra molhada.

Vem, minha amada!
Eu sou a raiz queimada de sol,
fecunda e eterna,
que busca a terra úmida
para a intumescer de frutos
e fazer inveja, nesta investida,
aos ramos das árvores
recém chovidas.

O mar subiu a serra!

Então o galo despertou o sino,
o sino despertou o lavrador,
o lavrador foi acordar a enxada,
a enxada foi fazer calos nas mãos,
nas mãos de conchas de colher orvalhos,
e a manhã inocente acordou a terra
com a surpresa verde de outras folhas,
com o direito de árvores iguais
que eram nova tribo em pé de guerra
com colares de sangue sobre flores
na primeira manhã dos cafezais.

Eles vieram vingar os bandeirantes
comidos pelas matas barrigudas
e passar um rastelo na paisagem.
Eram gigantes também,
embriagados de poesia
alexandrinos verdes
de metrificados versos
e rimas vermelhas.

As matas assustadas
olhavam das montanhas
curvadas aos novos senhores.

Foi o mar que subiu a serra!
Deus nos acuda! Têm ondas verdes!
Espumas de flores!
Foi o mar que subiu a serra!

Imigrantes

E porque os cafezais
eram como ondas do mar
seguindo o rumo do sol
por entre espumas de flores,
começaram a chegar
homens de todas as cores
que saíam das canções
e pulavam das cerejas
maduras do cafezal
que tem o jeito do mar
e que por isto é que é
a bandeira universal
que a gente tenta manter
inutilmente de pé.

Vieram os italianos
montando as canções do mar:
"Nós ouvimos as violas
e viemos para olhar."

Chegaram os japoneses,
vinham montados no sol,
olhos rasgados de vento
espiando os cafezais:
"O sol nos contou e veio
e nós viemos atrás."

Haikai

Profanação

Nos raios de lua
eu tenho, à noite, um desenho
de mulheres nuas.

Yara de Lua

Conheço o teu feitiço, flor de espuma,
véu de lua noturno de cascata,
e já passei meus dedos pela bruma
desse luar que espia um vão de mata.

Rainha de águas claras, és só uma
dentro de meu desejo, branca e abstrata,
palácio de cristal que me perfuma,
carne de lua de mulher de prata.

Olhos verdes de folhas enluaradas
com a calma de noites despertadas
pelos beijos de lendas do silêncio.

Yara de lua! Corpo de poema!
Um rio de desejo em piracema
espera-te no meu amor imenso!

Gênese

Então, nessa noite quente
de cheiro gostoso e forte,
que escorre à beira do fogo,
nasceu uma nova gente
inventando um novo povo.

Todos viraram poetas
bebedores de alvoradas,
num estranho ritual
que misturava suor
no batuque das enxadas.
Tempo em que o rio era a verde
turmalina da lavoura...
... gôndolas de carroções...
a Yara apareceu loura,
houve "haikai" nos violões.
E a terra, bruxa experiente,
confundiu as tradições
de toda essa nova gente.
Mesclou rezas e canções,
a saudade diferente
dos longes de cada um
para juntos se sentirem.

Vinho, saquê e cachaça,
cauim e urucum,
a alma cheia de histórias,
a vida cheia de graça.

Geada

A geada vem de noite
montando um cavalo branco,
trazendo tochas de lua
fantasma, mulher da foice,
fazendo feitiço frio
com trapos de mortes cruas
dos afogados no rio.

É o espírito das árvores
que tombaram no sertão,
lágrimas brancas que choram
finos prantos de carvão,
fantasma das terras novas,
amante das noites nuas
silêncio das flores frias
que chega devagarzinho
trazendo tochas de lua

A geada vem do rio
onde as águas feiticeiras
são exímias costureiras
que costuram fio a fio
todo o véu da madrugada:

essa doida namorada,
noiva pálida do frio.

E no liso azul do céu,
o luar de gelo espia
o lento vai e vem do véu,
entre o rio, o frio e o nada,
fazendo feitiçaria
na alma da madrugada.

Cada folha é um lábio roxo
que desmaia de alvoroço
sob o beijo da geada.
E a lavoura cafeeira
acaba ficando inteira
toda roxa e desmaiada.

O Brasil arrepiado,
as noites de tremedeiras,
é frio, frio demais.

Ninguém sabe do pecado
destas noites feiticeiras
do frio, o frio que faz.

O Brasil arrepiado
não tem forro no telhado
não tem lã, nem cobertor.
E na noite tremulenta
o Brasil ainda se esquenta
com cachaça, reza e amor.

Vão morrer os cafezais.
Fruto, flor, tudo perdido!
E o Brasil dorme encolhido
de tanto frio que faz.
Amanhã é o funeral:
sob os golpes dos machados
estarão todos tombados
o Brasil e o cafezal.

Seca

(Noite)

A lua está alta no céu,
parece laranja vermelha
que espia o pecado de alguém.
A lua está suja de terra,
parece uma bola de barro,
um ponto de sangue no ar,
um olho de noite com ódio.

É seca, meu Deus!

A lua é um sol sem calor,
vermelho, sem raios, sem dia.
A lua no céu desse jeito
parece um sinal dos infernos.

É lua de fogo avisando
que o rio no mato tem sede,
que o verde das árvores morre
de medo da lua e do sol.

A lua vermelha no céu

o vento do sul pelo chão,
o gosto de terra no ar.
Chuva nunca mais, nunca mais.
Tudo vai secar.
Fontes, rios, cafezais.
E eu mudo. Só lágrimas para molhar.
É seca! É castigo, meu Deus!

(Dia)

O céu de neblina amanhece na roça.
    Depois vem o sol
    soprando a fumaça
    da cara do dia.

E o céu fica limpo, vazio,
azul de sem-fim
cortado de voos de aves inquietas.

Eu voo no céu,
nas asas das aves
e sou paisagem.
Sou verde, sou moço,
a pele torrada,
sou cerne de pau

fincado na terra
teimando em viver.

O sol vem queimar
parado no céu,
jogando o seu rabo
de fogo na terra
que estala e que treme.
Meu pé está grosso
de calo queimado.

As folhas torcidas,
espuma na boca,
o verde sem vida,
a sede me mata,
a terra é poeira,
suor escorrendo,
um pranto pastoso,
o dia parado,
a sombra da enxada
um risco de noite.

O dia é de luz,
a luz é de fogo,
eu sou a vontade,
vontade de pedra.
As árvores morrem,

eu fico parado
e olho pro céu...
O céu me responde
com gritos de sol!

As flores caíram,
são lágrimas secas,
suores de morte,
paisagem com sede,
um gosto de fome
na poeira que o vento
me joga na boca!

Passou a mão na testa
E a sacudiu:
Nem deu para regar a terra.
Suor, molhou o rosto.
Enxadeiro, olhou o céu.
Sol.
Só.

Irrigação

"Nós trazemos a boa-nova e a Salvação,
temos rios nos dedos e fontes nos olhos,
já não existem mais segredos para nós,
pois fomos batizados num novo Jordão.
Trazemos nuvens enroladas sob os pés,
aprendemos a caminhar por sobre as águas,
temos a força do trovão em nossa voz
e trazemos nas mãos as pedras de Moisés!"
E eles traziam mesmo!
Encheram os cafezais
de cascavéis de ferro
e de rosas de chuva
sob o espanto do sol
que espiava intrigado
com o queixo na serra!
Era um feitiço diferente
que mudava tempo e clima,
desafio da lua, pois fazia chover
de baixo para cima.

E da lavoura pagã
um cheiro de manhã
saiu gritando ao vento

que as floradas viriam
de novo, antes da primavera,
voando dos gestos brancos
dos batistas da terra!

Chuva de pedra

O relâmpago passou
uma língua de punhal
pela nuvem redondona
que aprontou um babaré
de vozerio e resmungo,
dando um safanão no céu,
pregando um susto no mundo
arrepiado de café.

E foi uma correria,
de barulho, de atropelo
na lavoura e na fazenda
quando do céu enfezado
jorraram gotas de gelo
sobre as folhas do cafeeiro.
Olha o rodo! Olha o encerado!
Olha o café no terreiro!
Corre! Põe na tulha, gente!
Olha o da roça também!

Esse salvamos, patrão!
Mas essa chuva é de pedra,
que será do ano que vem
e da nova abotoação?!

E meu cafezal sombrio
estátua triste de folhas
na chuvarada de pedra,
pés encharcados de rio,
o rosto e o dorso banhados
pela chuva de cristal,
era uma ave com as asas
arrastadas pelo chão
e com voos proibidos
pelos raios e trovão.

Dava dó a gente ver
as rajadas luminosas
na face do cafezal
que tremia nas pedradas
em seus prantos de cristal.
Nas galharias despidas:
mãos e braços decepados,
com hastes decapitadas
sem flor, nem fruto maduro.

As pedras brancas de gelo,
aos olhos do fazendeiro,
eram flores derretidas
das floradas do futuro.

Mas lá foi a criançada
pegar gelo na enxurrada
fazendo concha da mão.
Que importava, nesse dia
de trovão e de alegria,
de granizo sem juízo,
a pobreza do patrão?

As estrelas despencaram
do céu! Corre criançada!
Meninos esfarrapados
que nunca tiveram nada!
Ó futuros desgraçados
que felizes vão pegar
Via láctea na enxurrada!

Capina

A enxada raspa a terra roxa,
raspa rápida a terra rasa,
rasga um risco e deixa um rastro fresco,
repassa o resto do mato ralo
e de repente, plin!
Resvala e tine numa pedra fina
que rente faz um dente
no corte reto da enxada nova.
O roço da pedra na roça
deixou o corte grosso,
parece rodo o corte rofo da enxada rota
que raspa rouca a terra roxa...

Florada do café

Está verde.
O cafezal imenso
é um grande lenço
cobrindo, preguiçosamente, os montes
alexandrinos que têm rimas de horizontes,
ah! como é belo e como é triste o cafezal!
Folhas, que trocam confissões,
as mãos-postas de soldados:
exército ajoelhado na missa campal
rezando preces para o vento e para os céus
tributo de homens
à grandeza de Deus.

Está verde.
É o cabelo da Yara que saiu dos rios
para secar-se sobre a terra ensolarada
e que deixou em cada folha
o seu palácio de cristal...
... e o perfume de sua lenda
        ficou eternamente
        na cor do cafezal.

A terra é moça nova de pernas morenas,
que tem contorno morno nas ancas pequenas,
arrepiada de amor e tentação.
Pois foi por isso que as raízes cor de sangue
enfiaram-se no chão,
num erotismo formidável,
sob os gritos da terra que se abria toda
em ânsias de loucura e de vontade
para dar-se ao amor
e rebentar de mocidade!

Os troncos, úteros fecundos,
sugaram toda a seiva que estava na terra,
a seiva de riqueza vital
que, num dia de orgasmo universal,
Deus atirou no mundo
apaixonado pela natureza.
E no galho que se embriagou de orvalho,
desejando a presença de mãos calejadas,
no galho pesadão, o feto tomou forma
de mundo, de universo, de sol e de vida
e palpitou lá dentro estourando afinal...
... e sob o peso de uma abelha
inclinou-se a primeira flor do cafezal.

Outro estouro! Milhares de estouros! Milhões!
O cafezal parece uma panela verde
de pipocas arrebentadas
cobrindo os morros, todos os talhões,
as baixadas, os espigões
cheios de luas enroladas
na festa de perfumes
das flores das floradas.

A terra está orgulhosa, sonolenta, preguiçosa,
ainda machucada
de pancadas de enxada
sonhando com a hora de chover,
quando a chuva mansa irá dançar,
sobre o sulco de arado no chão,
que faz lembrar um arranhão
de uma noite de amor e de prazer.

Um véu de gaze branca
caiu de leve sobre o lenço verde,
nuvem de espumas de cachoeira
lenda de perfume bom:
e o mundo inteiro reacendeu.
Ficaram pálidas de susto
as flores das laranjeiras
quando a lavoura de café vestiu-se de noiva,

e o cabelo da Yara envelheceu!

Está florido.
O cafezal extenso, no espigão imenso,
parece um longo batalhão de pretos velhos
enfileirados e dobrados, com as costas nuas,
as cabeças pipocadas de luas.

De cada tronco,
de cada flor,
de cada pé,
essa pobre riqueza do Brasil,
na produção enorme do café.

Numa sala luxuosa, onde não entram
nem o sol, nem os ventos, nem a geada,
nem a seca, nem calos de cabo de enxada,
os brancos leiloeiros de suor discutem
a tabela dos frutos das lavouras
e o preço das floradas!

Nessa terra de histórias e de lendas,
enquanto o cafezal dorme nas estatísticas,
nas divisas, nos bancos e nos cais,
nas mãos daqueles que nem viram cafezais,
repete-se a miséria das fazendas:

o caboclo sem nada,
uma casa de chão, um filho doente,
a pedra de amolar a enxada
e ele doente também.
O fazendeiro calculando a nova abotoação
com a eterna esperança no ano que vem.

Mas a lavoura continua branca,
com perfumes e flores à espera do fruto,
a cabeça da Yara vestida de noiva,
e esse instante da história vestido de luto.
Pouco importam, porém,
essas coisas que a vida tem,
importante é o cafezal florido
e diante de tanto colorido
a esperança é verde também.

Safra

Sobre o sudário imensamente verde
escorre o sangue anônimo da terra
no lento sacrifício universal:
essas bocas vermelhas penduradas,
na atitude de cruz do cafezal,
são beijos de quimera que cairão
nas conchas das mãos grossas, calejadas.
Um rio de suor, que irá molhar
as faces silenciosas dos caboclos,
lavará todo o sangue da paisagem
e rolará com beijos para o mar...

Colheita

Então quando o céu de inverno
(inverno só na folhinha)
abriu os olhos vermelhos,
o berrante que dormira
o ano inteiro no embornal
acordou na luz novinha
sob um beijo do fiscal,
ao pé do sino pesado
que assustou a madrugada,
a vendedora de flores
que tinha um cesto encarnado
no céu, senhor das cores.
Céu que era um pastor de luz
como todos os pastores,
que era uma enorme romã
suspensa no cafezal,
céu vermelho, inaugural,
céu bêbedo de manhã.

Era o dia da colheita:
peneiras, panos listados,
rastelos, sacos, jacás,
medidas, canas de milho,

as caboclas embrulhadas
nos panos e nos cumbás
com o chapelão de palha
sorriso e o rosto de fora,
e gotinhas de café
nos olhos de madrugadas.

E os caboclos, reis descalços,
pisam a terra forrada
pelos panos estendidos
sobre o chão ensolarado,
a terra toda enfeitada
por tapetes sobre os quais
vão transpirar gotas de ouro
os braços dos cafezais.

Namoriscos pelo eito
escondidos do fiscal
carrancudo, que é um sujeito
que chega pé ante pé
por de trás do cafezal,
espiando o vão das folhas,
erguendo a barra das saias
das árvores de café.

O fino pó da peneira,
que abana folhas e ciscos,

levanta-se para o céu
em grossos rolos de poeira
parecendo a chaminé
de uma fábrica de terra
fabricando sob o sol
milhões de grãos de café.

As caboclinhas de pano
carregam vermelhos grãos
sobre as costas inclinadas,
passam pelos carreadores
com jacás lambendo cores,
com olhos cheios de estradas!

E depois, pelos terreiros,
o café amontoado
tem ares de feiticeiros,
cabeças de pretos velhos
"esquentando o frio", todos
de cócoras sob o sol,
no terreirão enrugado
e penteado pelos rodos...

De repente, num estrondo,
a máquina da fazenda
acorda as trevas das tulhas.
Voam corujas, morcegos,

quando as primeiras fagulhas
de um trem pesado e escuro
anunciam a debulha
na boca de inferno e fogo.

Hino de ferro da terra,
é uma festa de brinquedos
numa casa de bonecas!
Peneiras, bica de jogo,
descascador e polia,
as correias das canecas,
tudo dando cambalhota,
a bica de palha grossa,
enorme canhão de pau
que sopra palha no rosto
da garotada da roça!

E quando acaba a colheita
voa tudo para o ar:
rastelos, sacos, peneiras,
balaios, panos listados
bandeiras esfarrapadas,
o sino doido a tocar,
buzinas feitas de chifre
e sinfonias de lata
na festa da ingenuidade...

... E o sábado prometido,
roupa nova, o baile, a banda
com músicos da cidade,
a barraca, o chão batido,
o frango assado, o quentão,
a pinga, tudo de graça!
Festa de fim de colheita,
festa da simplicidade:
a festa da minha raça.

História engraçada

E o café foi pra cidade
numa festa de folguedos.
O poeta mulato olhava
com muita curiosidade
as rodas dos caminhões,
as barrigas barulhentas
que partiam convidando,
entre vivas e canções,
para um mundo de brinquedos.

Então o café
que havia deixado o caboclo tão pobre,
tão cheio de nada e de ano que não vem,
descobre a cidade e outros homens; descobre
os homens vestidos de linho,
os homens que olham pro mar.
Por isto a história ficou sendo
engraçada de contar:

Começa assim: –"O colono
é mais pobre que o feitor,
o feitor, por sua vez,
é mais pobre que o fiscal,

e o fiscal é bem mais pobre
que o próprio administrador.
O administrador é menos
rico que o dono da terra
(dono da terra são todos!),
o fazendeiro é mais pobre
que o astuto corretor;
e este pobre intermediário
deposita, finalmente,
toda a riqueza da terra
sobre as mãos do comissário,
que a despacha para o mundo,
que a consome extasiado,
e gera enormes fortunas
ao maior senhor de todos
conhecido por mercado."

Essa história é de fazer
a gente dar boas risadas:
o Brasil original
das histórias engraçadas.

Foi assim que a fortuna do país
ficou nas mãos dos homens lá do mar,
dos donos dos navios e do cais,
que bebem a riqueza do café
sem nunca terem visto cafezais!

Quanto mais perto do pé de café
mais fome se tem e mais pobre se é.

Adivinhação

Nas figuras de café,
no pires de barro branco,
estão as coisas futuras:
bolas, linhas, quadros, cruzes.
Minha raça arrepiada
fica olhando essas figuras:
casamento, amor e morte,
riqueza, aviso e perigo.

Minha avó todos os dias
vai a um canto da cozinha
e "apaga um fósforo aceso"
na xícara de café.
Ali formam-se figuras
nuvens de noites escuras...
Minha avó põe-se a soprar
aquelas coisinhas brancas
e fica um tempão soprando
vendo o "bicho" que vai dar.

Meu avô cafeicultor
perdeu a fazenda um dia.
Minha avó ainda tem fé
de ganhar tudo de novo
fazendo adivinhação
na xícara de café.

Xícara de esmeralda

Xícara de esmeralda transparente
transborda espumas.
Festa de núpcias verdes e pagãs
por entre as flores noivas das floradas
que dançam carregadas de manhãs.

Xícara de esmeralda transparente
transborda sangue.
É o fel da noite que só minha gente
vai beber ao pé da cruz ensolarada.
O vento vem brindar por entre as folhas
pela orgia da terra em cada enxada.

Xícara de esmeralda transparente
transborda sol.

Bocas estranhas, cheias de oceanos,
bebem a embriaguez transfigurada
pelo sangue das flores e dos anos.

Xícara de esmeralda transparente
transborda pó.
A boca que beber será cortada
e, nela, há de beber o próprio sangue:
a turmalina verde está trincada!

Abandono

No princípio era a geada
com suas tochas de lua,
suas lágrimas de estrelas
e seu rastro de carvão.
Depois, os prantos de barro,
grossas lágrimas de lama,
os enormes dedos de água
raspando a terra: a erosão.

E veio a seca também,
montada na lua suja,
trazendo os ventos do sul,
toda empoeirada de sede...
E, no fim de tudo, a broca,
com milímetros de morte,
com seus compassos de tosse
corroendo o pulmão verde.

O café geme, solta gritos
na ponta dos galhos secos,
chorando um pranto de folhas
tosse golfadas de pó.
Então mandaram o fogo

queimar os frutos noturnos
da terra rica demais
que ficou de fazer dó.
Os italianos pularam
nas chaminés das usinas,
os japoneses se foram
para as terras cor de lua,
e o caboclo ficou só.

Só, com a eterna esperança
que ele aprendeu a beber
nas folhas verde-escuras
dos seus pobres cafezais...
Mal sabia, esse coitado,
que surgiria um momento
em que uma Yara de pedra
com cabelo enfumaçado,
com palácios de cimento,
haveria de chamá-lo
para seu rio de asfaltos.

E ele se foi como todos,
coração em sobressaltos,
ouvindo o canto da Yara
não do rio, mas do asfalto,
na ponta da chaminé,
quando tudo já acabara,

nas fazendas de café,
quando não havia mais
o milagre das folhagens
tão verdes por entre as flores
e não havia florada
perfumando os cafezais,
quando não havia mais,
quando nada mais havia,
nem jeito, nem gente, mais nada
a não ser canaviais
onde as aves não pousam e ficam no céu
e não há flores para as abelhas
e para o mel.

Fazenda antiga

No silêncio das fazendas
tristemente abandonadas,
ainda se pode ver,
num arrepio de lendas,
os fantasmas das estradas
no meio dos cafezais.
São vultos escravizados
àquele mundo perdido,
presença de assombrações
dos homens acocorados
nas casas de chão batido
dos escravos que se foram
e que não voltaram mais.

O Sinhô que não cansava
de dar festa em sua casa
sempre cheia de mumbava,
de riqueza e novidade
e de negro com libré;
que fez casa na cidade,

que gostava de mulata,
que tinha arreio de ouro,
caçamba e espora de prata,
tudo vindo do café.

A mucamba engraçadinha
que contava tanta história
de saci e lobisomens
fazendo na sinhazinha
o sono do cafuné.
Crioulinhas de carvão
que areavam as bacias
com pó de cinza e limão
e guardavam pratarias
pelas caixas de veludo,
tudo vindo do café.

O moleque serelepe
todo sujo de carvão
da raça que Deus pintou,
quando alguém assobiava
vinha soprando na mão
brasas vivas pra acender
o cigarro do Sinhô.

As madrugadas de guizos,
quando a tropa bem tratada,
com arreios todos novos,
saía tinindo avisos
nas pratas da cabeçada,
levando a safra do ano
para as cidades do mar,
desmanchando, sob os cascos,
as léguas e o itaimbé.
As madrugadas de missa
na capelinha de ouro
que tinha toalhas de renda,
o quarto santo da fazenda,
tudo vindo do café.

A família do Sinhô
reunida na varanda
nas tardinhas de colheita
para ver chegar da roça
as longas viagens do eito
sobre as costas do silêncio
os gemidos das carroças,
o recolher da boiada,
a contagem dos escravos
dentro de cada copé.

E de noite o feijão-preto,
angu, farinha e chibé,
as fogueiras nos terreiros,
as sanfonas brincalhonas,
o cateretê paulista
misturado com o jongo
com a xiba e o arrasta-pé.
As pescarias de bagre,
a vida cheia de graça,
tudo vindo do café.

De repente, pronto! Tudo
se acabou por um encanto!
Prata, caixa de veludo,
festa, mumbava, riqueza,
sanfona, fogueira, canto,
Sinhô, mucamba, libré,
vigário, capela, santo,
pôr de sol, tropa, colheita.
Parou tudo, de repente!

E a paisagem ficou reta,
com as casas desmanchadas,
com as janelas caídas,
com as cercas derrubadas,
um caboclo dorminhoco,
uma tarde sonolenta,
uma estrada esburacada,
um cão, um cupim, um toco,
um arrepio de lendas
pelos cafezais velhinhos,
galhos secos nos caminhos.
E era uma vez as fazendas.

Domingo

Domingo, a estrada que vai
da fazenda pra cidade
acorda movimentada
de tanta gente que tem,
de tanta felicidade
que existe na madrugada,
nas aves, no ar, na poeira.
Esta estrada que hoje vem
só volta segunda-feira
cambaleando, embriagada,
e só volta porque tem
um encontro com a enxada.

Éguas, cavalos trotões,
botinas de futebol,
sacos brancos, embornais.
São estranhas procissões
que desfilam sob o sol
com bandeiras pela paz.

O primeiro botequim
é a parada inicial:
"Cachaça! Um copo pra mim
e um litro em meu embornal!"

Cospe no chão, passa o pé,
passa a mão grossa na boca
e torna a cuspir no chão.
Vende uns quilos de café
surrupiados da roça,
da colheita do patrão,
bebe e arma um sururu!
A cavalo, na calçada,
tine a espora e dá pancada
com o rabo-de-tatu.
Diz que ama, diz que odeia,
não sabe mais o que quer,
dá dinheiro pra mulher
e vai dormir na cadeia.

Domingo é de tudo ou nada,
dia de faca e de briga,
gente caída na estrada,
cavalos de rédeas soltas
com arreios na barriga,
mendigos de roupas rotas,
doces, embrulhos perdidos

na poeira dos caminhos,
cavaleiros esquecidos
que vão trotando sozinhos
sem acender o cigarro
que o vento apaga teimoso,
enjoados de álcool e sarro,
com as faces amarelas,
cambaleando sobre as selas,
gozando o único gozo,
que nada tem de gostoso,
mas está longe da enxada.
É vida recompensada.
E que bela recompensa!
Dorme no sonho da crença
de que a vida é uma cachaça
que enlouquece, dói e passa.

Guacira

Guacira de baixo do pé de café
pensava.
Seus olhos buscavam o céu
passando por entre as folhas miúdas.
Seu corpo sugava o calor
da terra cheirosa e da cor de seu corpo.
Abria e fechava, nervosa,
as pernas morenas cobertas de sombras
eram duas cordas de flecha esticada.
Os joelhos prendiam, às vezes, seus olhos:
Guacira gostava de ver suas pernas.
A mão alisava a poeira da terra,
a terra é tão fofa que nem o cabelo
de homem bonito.

O moço, fiscal da fazenda, é bonito.
Casou-se com Laura,
a moça que veio da Itália,
que tem duas pernas manchadas de lua
e tem a manhã nos cabelos de sol,
que pode fazer
visita e passear na cidade,
pois ela é mulher pra mostrar,

tem medo do amor sob o sol,
de noite é que ela tem cor,
é branca e tem luz no cabelo.

O amor na fazenda não vive de noite!
É feito de terra e de folha macia,
na mina de água,
no trilho do brejo,
em cima do cocho,
na palha de arroz,
no monte de milho
atrás do pomar,
no rancho da roça,
na sombra da flor,
nas leiras de mato,
pois tudo só vive de dia.
A noite é uma casa fechada, sem luz,
com sono e cansada de enxada e de amor,
com chalos de estalos, cochichos de palha...

Guacira apertava com força na mão
um pouco de terra cheirosa.
Mordia um grãozinho vermelho
da cor de seus lábios.
Sorria: e uma serra de lua
surgia na boca
em que ela mordia o grão de café.

Amor,
no trilho do brejo,
em cima do cocho,
na palha de arroz,
no monte de milho
atrás do pomar,
no rancho da roça,
ali é que é.

Quaresma

A noite
era uma grande xícara de café forte
que soltava vapores de neblina,
era o telhado de meu rancho
por dentro, todo enfumaçado da lamparina.

Arrepiava o cafezal de susto e medo,
punha um barulho de almas nas mangueiras,
resmungo de pavor de almas penadas
que só de noite podem se salvar.
A noite pesadona e feiticeira,
com mula sem cabeça nas estradas,
ia ver, em silêncio, o lobisomem
comer crianças novas no pomar.

Eu desconfio de quem seja o lobisomem,
deve ser um dos filhos do Zé Pedro,
mulato que tem sete filhos homens:
ou é o mais velho ou é o mais moço, eu sei...
Ainda me lembro bem daquele dia
quando o vigário disse
que todos eram cheios de anemia...
... bem que eu desconfiei!

Mas na minha garrucha tenho bala benta
com três cruzes riscadas na ponta do chumbo
e quando a galinhada barulhenta
começar a dar aviso no quintal
eu queimarei o desgraçado
e irei lá destrinchá-lo no punhal.

Que Deus me perdoe esse pensamento!
Eu que nunca pensei matar um homem!
Nosso Senhor me livre do momento
em que eu tiver de ver um lobisomem.

Lua minguante
(Moda de viola)

Lua partida no céu,
que busca a outra metade,
o outro pedaço da vida
chamado felicidade.

Ah! Lua da madrugada,
garça de seda, tristonha,
que chega devagarzinho
quando o mundo inteiro sonha.

Falta-te um pouco de luz
como me falta carinho,
passas sozinha no céu,
na terra eu sonho sozinho.

Como a ti, lua minguante,
sem amor, sem ilusão,
também me falta um pedaço
de um lado do coração.

Quando voltares redonda
enchendo de luz o céu
não me encontrarás aqui:
o teu poeta morreu.

É que tu voltas cumprindo
tua missão de brilhar,
mas quem morre por amor
nunca mais pode voltar.

Hás de encontrar teu pedaço
pelo céu, lua partida...
Só eu não encontrarei...
minha metade perdida!

A metade que se perde
é perdida por inteiro.
Entre meus ganhos e perdas
a perda veio primeiro.

E uma vez perdida, adeus!
É impossível encontrar.
E de tudo que se encontra
nada cabe no lugar.

Lua nova

Céu para clarear estrelas,
camufladas por muitas brumas,
sem contornos nas árvores
pelos desmanchados espaços
em torno de perfis difusos:
é noite de lua nova,
lua sem luar,
aí está a prova
da minha dor
em ver nada além de estar triste,
catarata de olhos vivos,
remisturação do que existe
e é supostamente irreal.

Melhor, se a busca do melhor instante,
é supor a lua futura, de volta,
nem velha, nem nova,
sem rima, sem nada,
posto que, redonda, gira girada,
minha lua besta, sem contornos,
lua minha de noites tolas
cegamente adivinhadas
à espera da bengala branca

da lua cheia, que estrelas apaga,
na teimosa esperança ingênua
de que a dor, por não suportada,
seja menor, na virança da lua,
se, iluminada, flutua no ar.

Sexta-feira da Paixão

Feche os chiqueiros, hortas, gado,
os galinheiros e o pomar.
Hoje se rouba sem pecado,
Jesus morto não vê roubar.

“Santo Reis”
(I)

“Santo Reis aqui chegou
e no alto da cumeeira
vai plantar sua bandeira
que o Sinhô abençoou.

Vem pedir a sua esmola,
caminhando sobre brasa,
repicar sua viola
para o dono dessa casa.”

E ao repique dos violões
na frente das casas tortas
iluminam-se os lampiões,
abrem-se todas as portas,
e entra a bandeira devota
prometendo a madrugada,
palhaço dando cambota
aos olhos da garotada,
e o garrafão que não seca
correndo de mão em mão,
pinga na mesma caneca
sob os olhos do Folião.

O café feito na hora
para o Embaixador tomar.
Foi a mocinha quem fez!
E o cantador não namora:
é pecado namorar
nas noites de "Santo Reis".

E depois as dúzias de ovos,
leitoa, patos, dinheiro,
cabrito, alguns frangos novos,
tudo serve para esmolas.
E lá se vão: Bandeireiro,
o Embaixador, o Folião,
o repique das violas,
os palhaços enfeitados,
a caneca, o garrafão,
pés carregados de estradas,
de devoção e de fé...
Vão, cheios de madrugadas,
pelos caminhos em cruzes
das fazendas de café.

Encontro
(II)

E quando duas bandeiras
se encontram na mesma estrada
as violas cantadeiras,
em luta santificada,
desatam um longo fio
de versinhos religiosos
nas canções em desafio
dos caboclos mais teimosos
que a raiz da tiririca!
Ao repique das violas
dessas bandeiras devotas
faz-se a troca das esmolas
e com doidas cambalhotas,
os palhaços vão também,
rolando sobre a poeira,
disputar e ver quem tem
mais graça em cada bandeira!

E se alguém desconfiar
dessa troca das esmolas,
armam-se pancadarias
no meio dos cafezais,

arrebentam-se violas
nas cabeças dos rivais.
Os santos, suas bandeiras,
jogados sobre as estradas,
sujos de tanta poeira
rezam missas de pancadas.

É preciso ir em defesa
da colheita que se fez,
do almoço e da santa mesa
do dia de "Santo Reis".

É luta santificada
esse sururu divino.
Faca, garrucha e pancada
em glória do Deus-Menino.

Na roça também não falta
o nome de Deus, e em nome
do Senhor também se assalta,
se faz trapaça e se come.
Igual nos mundos de longe,
guerra em defesa da paz,
ódio em defesa do amor.
Tudo se faz em seu nome.

Infância
(III)

E da primeira vez
que eu vi um "Santo Reis"
fiquei olhando a estrada...
Não contei a ninguém
que eu quis sair também
na asa da madrugada.

Minha mãe compreendeu
e sorriu, quando o meu
olhar acompanhou
a voz do folião
e no meu coração
um boêmio despertou...

E quando eu pude, então
a madrugada não
me convidava mais.
Eu queria, no fundo,
a madrugada mundo
longe dos cafezais.

Minha mãe catando lenha

Nos olhos de minha mãe
as lágrimas orvalhadas
têm o aroma matinal
de todas as madrugadas
que acordaram minha terra
dormida no cafezal.

Os braços de minha mãe
levaram, piedosamente,
todas as árvores secas
que morreram de cansaço.
As nuvens de minha terra
têm a marca de seus braços.

E nas mãos de minha mãe,
que já derramaram flores
na surpresa das estradas,
nasceram calos de dores:
as brancas flores de carne
que perfumam as enxadas...

E a boca de minha mãe,
que bebeu todo o desgosto
do sofrimento inocente
que rolou pelo meu rosto,
soube calar, novamente,
naquelas horas de lenda,
quando a última miséria
tomou conta da fazenda...

Esta é uma história de sombras,
pois não há no mundo inteiro
história tão dolorida
como o drama dessa vida
de mulher de fazendeiro,
que carrega, pela mão,
uma cesta de poeira
bebendo as flores do chão;
e que, mudamente, enterra
sua mocidade inteira
nos braços magros do sol,
nas rugas velhas da terra
que ela cultivou com calma.
É melhor ter rugas no rosto
do que tê-las na alma.

Na boca da noite

Ali, no cafezal de verde-escuro
fico à tarde pensando o meu futuro,
porque no meu futuro estão as flores
da paisagem que pousa em meus joelhos
quando o céu, numa confusão de cores,
é o horizonte morto em chão vermelho.
Há sombras escondidas pela serra
para assustar esta criança, eu sei!
Esta criança suja, a minha terra
que não espanta o sonho que sonhei.
Mas, quando a noite vem deitar no leito
desta sombra a luz lívida da estrela,
aperto minha terra junto ao peito
numa ilusão feliz de defendê-la!

Madrugada azul

Terra roxa dos arados,
de perfumes matinais,
de zumbidos dos enxames,
de capins esbranquiçados
por estrelas de cristais:
gotas brancas nos inhames...
terra roxa enfumaçada
por espumas de alegrias
de uma potrinha alazã
que desperta em disparada
suando nas pastarias
espantadas da manhã.

A madrugada do sino,
madrugada azul, molhada,
de luzes verdes no chão.
Meu destino de menino

ficou preso na fumaça
levinha da cerração,
e preso na baforada
do cigarrão de palha
que a manhã fuma na serra,
tão preso na madrugada
que minha alma grisalha
será névoa em minha terra!

Terra roxa

Como foi, terra roxa? Acabaste tão cedo
enquanto ainda pés descalços te pisavam
e os nossos cafezais montavam as montanhas,
num brinquedo que foi inventado de verde,
fazendo continência aos horizontes largos!
Como foi, terra roxa? Ainda eras tão pura
que a manhã habitava as tuas cores fortes
e não havia a dor dos pássaros amargos
que cantam no assa-peixe a morte prematura
dos longos cafezais de mãos cheias de mortes!

Tu que soubeste dar, sem nunca pedir nada,
mulata da manhã embebida de sol
com os seios de luz e as mãos ensanguentadas
carregando de amor a natureza inteira...
... Agora esse lamento ensolarado e triste,
lágrimas sobre o pó e marcas de joelhos
dos que ficaram sós perdidos na poeira
que ergues em tuas mãos cheias de chão vermelho.

Esgotada de amor, Terra Santa, tombaste,
levando os cafezais e os homens nesse abismo;
gigantesco destroço encharcado de egoísmo.
É que de tanto dar, sem receber, cansaste!

E foram todos para um destino sem nome.
Ficaram, no teu pó, as marcas de seus pés...
Não cubras, terra roxa, o rastro desses homens,
pois eles voltarão e, nisso que ainda és,
por sobre o próprio rastro hão de matar a fome.

Alma de caboclo

Minha alma ficou presa eternamente
aos trilhos enluarados do pomar,
ficou presa nos ganchos de uma rede
que deixei esticada na fazenda,
ficou enroladinha, bruscamente,
na linha de uma vara de pescar
madrugadas azuis da terra verde
com fogueiras de estrelas e de lenda.

E ficou presa à sombra das paineiras,
agarrada à caneca de café,
à disparada dos cavalos bravos
com peito aberto ao vento das campinas.
Ficou presa ao perfil das bananeiras,
ao dia, quando o sol está de pé
pra sentir a manhã cheirando a cravos
nas brisas que cavalgam as colinas.

Ficou presa às pernas das caboclas,
ao batedor de roupas dos quintais
às crianças anêmicas e fracas
que caçam passarinhos a pedradas.
Ficou nas notas das sanfonas roucas,

e na verde manhã dos cafezais
que acorda ao barulhão das maritacas
com beijos de perfume das floradas.

Ficou tremendo no frio dos caipiras
carregados de fome e de maleita.
Ficou no cabo sujo das enxadas,
nos cafezais cobertos de cipós,
e na terra ferida de abandonos
na poeira da última colheita...
... Hoje minha alma anda nas estradas,
mais triste do que um pássaro sem voz!

Sextilhas do posseiro nordestino

"No campo, eu acho nele
a musa que me ensina."
(Cesário Verde)

Não quero tomar a terra
de quem a tem, quero apenas
matar a fome e colher
frutos e flores sem tê-la,
pois, não posso ser seu dono
porque eu é que sou dela.

Talvez, se dono da terra,
deixasse-a sem cultivar,
proibisse o voo das aves
se eu fosse o dono do ar,
proibisse a vida dos peixes
se eu fosse o dono do mar.

Fui chamado a trabalhar
nas obras novas do açude,
fome e raiva superada,
superado o ataúde,

por este país dei tudo,
mais do que tive e pude.

O meu gesto, a atitude
de quem, para não morrer,
concorda e apenas concorda,
pois concordar é viver
porque a vida é sem protesto:
deve ser por dever ser.

Quem não tem não deve ter,
sem muitas perguntações,
não há partido a tomar,
macacos ou lampiões,
por Deus ou pelo diabo
são iguais as orações.

Não creio mais em sermões,
em promessa de justiça
nem em padres que me usam
como hóstia para a missa,
para invadir terra alheia,
e adubá-la com carniça.

Tenho uma enorme preguiça
de invadir a minha terra,
e se eu a ocupo nem sei

o que vou fazer com ela,
não quero enfrentar soldado,
pois nada entendo de guerra.

Quero pouco: o sol na serra,
a chuva miúda à tardinha,
plantar a inocência e a vida
e ter de novo o que eu tinha
no menino que brincava...
... e a terra não era minha.

É tanta a terra vizinha
dos lados, à frente e atrás,
e é tão pouco este meu pouco
que não pode ser demais,
é somente o quanto basta
para Deus ficar em paz.

Último poema

Se são versos estes versos,
eu os fiz à minha terra,
aos cafezais que se acabam
como um triste fim de lenda
contada em noites de luar;
fiz, sentindo intensamente
o ritmo de minha raça
no meu sangue de violeiro,
numa noite na fazenda
com fogueira e com cachaça,
com vontade de cantar
como canta a minha gente.

Pois ao passar pela vida
eu não pude resistir
ao canto da passarada
na paisagem colorida,
ao perfume dessa terra
estendida em minha estrada,
ao sol comendo romã,
inaugurado e novinho,
atirando em meu caminho
as sementes da manhã.

Eu não pude me conter
diante das sombras pesadas
da tarde que cai nas roças:
grandes cruzes derramadas
do corpo dos lavradores
com as enxadas nas costas...
Pois foi feita de folhagem
a alma que a terra me deu
num úmido amanhecer.
Há algo meu na paisagem
como certamente é meu
esse imenso entardecer.

Atirei versos à terra!
Já posso morrer contente
e nos mesmos rituais
da morte dos cafezais,
os poetas abandonados
que atiram flores ao vento
e que fecham mudamente
os braços crucificados
quando já não cantam mais.

Morremos pelas estradas
sem os discursos compridos
de gestos longos, grotescos.
Com as flores atiradas,

morremos na terra gasta
molhados de orvalhos frescos
e morremos sem lamentos:
nosso silêncio nos basta.

Não me digam nada, nada
quando eu morrer sobre a terra
no meu único ideal:
as mãos grossas de uma enxada
cavarão na sepultura
uma saudação final;
o suor de homens rústicos
regará as flores brancas
que nascerem deste chão.
A pancada das enxadas
foi meu ritmo, foi meu tema,
e é meu novo coração,
pois a ela fiz meus versos
e cantei o meu poema.

Em silêncio venham ver
a minha morte na terra:
lá do fundo da folhagem
árvores acenarão
com gestos longos e verdes,
e lágrimas de cipós
rolarão molhadamente

pelo rosto da paisagem,
pois eu morto serei chão,
serei terra em minha terra.
Vivo, só meu coração
seguirá na luz veloz
sobre a terra revolvida,
pois se eu cantei esses versos
foi com sangue e não com voz!

Epitáfio

Brasileiro, respeita esse soldado verde.
Ele é o maior dos monumentos nacionais.
O Brasil deve a glória e o nome, deve tudo
à terra roxa, ao suor que a rega e aos cafezais.

Trilogia das minhas terras

Os poemas "Brodowski", "Cravinhos" e "Ribeirão Preto" não integravam a primeira edição do "Café". Foram incluídos nesta edição não apenas pela pertinência da temática, mas, e sobretudo, pela invocação às três cidades em que o autor passou a infância e a juventude, e nas quais foram escritos os poemas do "Café, a poesia da terra e das enxadas".

Brodowski

"Daqui fiquei vendo melhor a minha terra.
Fiquei vendo Brodowski como ela é."

(Cândido Portinari)

Tenho medo de voltar
a Brodowski e descobrir
que sepultaram no asfalto
as minhas ruas de areia
e que por certo roubaram
da alegria dos meninos
a minha bola de meia.

Elegeram o prefeito
fugido da minha infância,
o meu alegre companheiro
de pular muro e roubar
garrafas de guaraná
da fábrica do pai dele.

Agora está todo eleito
sem guaraná e sem muro,
crucificado nos votos,
homem duro e sem retorno,
fazendo asfalto e matando
areias de nossa infância.

O Mário, prefeito eleito,
vai pro lugar do meu tio,
prefeito da ditadura,
e que eu não vi ter infância,
e que não tinha, portanto,
nada para atraiçoar.

Tenho medo de voltar:
talvez ninguém mais esteja
no seu antigo lugar.
Pode não mais existir
o abacaxi do Lascala,
nem o Tonico Mendonça
batendo com a cabeça
pelas paredes da sala
falando de minha tia
morta, que ele via viva.

E o time de futebol
do Zé Turquinho, onde está?
o jornalzinho do Almeida
e seu poeta Seghetto
a banda, a praça, o coreto,
onde estarão? No jardim
da estação? Não, não estão!

Não estão lá, não estão,
a oficina dos Morandos,
o trole do meu avô,
cavanhaque e capitão,
nem a cadeira de palha
feita à mão por seu Batista,
nem os gols que meu pai fez
contra o Bandeirantes. Nem
o Candinho está mais lá,
somente as cores e as aves
que ele gostava de ver
com seus olhos muito azuis
de tanto olhar para o céu.

Não estão lá, não estão,
nem meu tio Major, nem o Bijo,
Sabiá e o Lampião,
Benedito e seu irmão,
mais todas as valentias
engarrafadas no engenho,
não estarão mais por lá,
por certo não estarão.

Mas onde é, Brodowski, onde é
que eu irei te ver de novo?
Onde encontrarei de mim,
que fui feito de teu povo,
as pessoas que perdi?
Mas onde é, Brodowski, onde é
que poderei reencontrar
o lírico olhar da Zoé,
que ainda hoje sorri,
às dez horas da manhã
diante da igreja Matriz?
Mas onde é, Brodowski, onde é
que de mim tu escondeste
a forma de ser feliz?

Que valentias por aí
sucederam Carlos Silva?
Que ventos jogaram pó no
Santo Antônio do Candinho?
Que tempos deram as asas
à cidade que voou?

Tenho medo de voltar
a Brodowski e não poder
andar descalço pela rua,
e, assim, causar-lhe mágoa
por não ser mais seu menino.

Meus abacaxis, goiabas,
mangas e jabuticabas,
amoras e gabirobas,
meu impossível pomar,
perdido pela demora,
longa demora em voltar,
longa demais e por isto
sem remédio. Agora é tarde.

Bem fez meu pai, que morreu
cedo para voltar logo,
e encontrou na morte o jeito de
ter sua terra de volta.

Não, não posso mais voltar.
Não há mais criança em mim
suficiente para voltar,
estou adulto demais,
de sapato e colarinho,
terno e filosofias:
posso ofender a cidade
por não ser mais seu menino.

Cravinhos

Quando a terra ainda era roxa
e a cerração das manhãs
tinha gosto de café,
coado na hora, e sãs
eram as almas de pé,
ali, no início do eito,
cedo mais que a madrugada,
resto de noite desfeito
pelo sino e pela enxada,
ali ficou o menino,
nada ficou mais do que ele,
tanto que os cafezais todos
para serem vistos hoje,
só se olhando os olhos dele.

Quando a terra ainda era roxa
e os futuros canaviais
não impediam o pouso
das juritis, dos sabiás,
e quando as águas meninas
eram virgens sem desvios,
antes que as grandes usinas
estuprassem os seus rios

e matassem as piaparas,
antes que essas coisas lindas
viessem a ser coisas findas
e, por findas, coisas raras,
ali ficou o menino,
naquele seu quando, ali,
tanto que, hoje, só na alma dele
é que se ouvem águas limpas
e o canto da juriti.

Quando era roxa a terra ainda
e o silêncio verde-escuro
supunha a noite e a tapera,
só de amor era o murmúrio.

De estrelas ainda era
a sensação de descanso
do seu olhar líquido e manso
que olha e chora e ainda gosta,
quando a chuva e as erosões,
sol e seca eram questões,
e a enxada era a resposta.

Quando era, e tudo ainda era,
por ter sido sendo em ser,
ali ficou o menino,
suas manhãs e seu sino,

seus peixes e seus riachos,
seus voos e seus caminhos,
bem antes dos boias-frias,
esses tristes exilados
na própria terra, e cuspidos
pelo muito ir embora,
por muitos e muitos idos
sem retorno ou para a morte,
escravos soltos, os batidos
pelo sol, mas sem a paz
da noite à beira do rio,
que vão, vêm, verão, estio,
vêm e vão, e vão em vão,
juritis em revoadas
espantadas de seus ninhos.

Mas o menino está lá.
E só no coração dele
seguramente ainda há
o que um dia foi aquele
seu telúrico Cravinhos

Ribeirão Preto

Nunca pensei que amasse tanto
a terra que não fosse minha
e que por extensão e meu espanto
amei com tudo quanto tinha.

Meu chope, minha risada,
a primeira namorada,
meu fascínio pelo verde.
Ficou tudo. Nada perde
o sentido de ter sido
sua emprestada criança.
Cada hora, cada lembrança,
tudo intenso, revivido
e mais forte na distância.

Nessa ânsia permanente
de voltar ou no regresso,
sempre adiado, o que mais peço
é ver de novo
o mesmo povo,
a mesma gente,
que certamente está à minha espera
mesmo sem me conhecer

porque há uma intuição de primavera
na festa que eu próprio vou viver
no dia em que voltar a vê-la.

Tomarei café na Única,
sonharei na Sete de Setembro,
irei ao Pedro Segundo,
tomar chope no Pinguim.
Junto tudo que me lembro
deste meu querido mundo
e guardo dentro de mim
para descansar, enfim.

E se não existem mais
os meus velhos cafezais
por certo ainda existirão
a passarada do bosque,
que vai e vem de Brodowski,
e, por sob os canaviais,
o vermelho do meu chão.
Ainda estão lá, eu sei.
Não, não perderei jamais
os voos que vi voar
e esse chão em que pisei.

É isto que me conduz,
a terra roxa, a alma solta,
nítido facho de luz
sobre o caminho de volta
pressentindo a sensação
de que algo vão me dar,
um algo como perdão
porque voei e fui embora,
sem data para voltar.
Mereço a absolvição.
Ainda há tempo,
e o tempo é agora.

Poesias do mar

E agora, Maria?

Menina Maria Loura,
que coisa você me fez!
Eu que nunca havia amado,
amei tudo de uma vez.

Menina Maria Loira,
que é namorada do mar,
você chegou numa hora,
que não podia chegar.

Depois que você chegou,
tive vontade de ser
máquina que come terra
e tamborilar no sol
com pulsos de chaminés,
fazer diques de meus nervos
para conter oceanos
como ovelhas aos teus pés.

Deu-me loucura, Maria!
Por favor, devolve a paz,
a paz que eu tanto queria,
Maria, isto não se faz!

Menina Maria Loura,
que não devia chegar.

E de repente, Maria,
tenho vontade de ter
as mãos brancas de silêncio
da lua que acaricia
os telhados do casebre,
tenho vontade de ser
os dedos da mãe aflita
que tremem sobre a cabeça
do seu menino com febre.

Ser um silêncio completo
pendurado nos varais
onde a lua põe lençóis
de doentes que morreram
em janelas de hospitais.

Tudo isto você me fez,
Menina Maria Loura,
de cabecinha amarela.
E agora Maria? E agora?
Será que você me manda
um pouco de lua triste
quando eu morrer na janela?

Santos, 1953

Sentido das coisas

Se não houvesse os teus cabelos,
que sentido teria
a cor dos milharais?
Se eu não tivesse olhado nos teus olhos,
não teria me lembrado
de gostar da paisagem
nem a chuva teria cessado,
e eu não teria notado
a morna carícia do mar.

Se eu não tivesse ouvido tua voz,
não entenderia meu silêncio,
quando as juritis se aconchegam no poente.
Se nunca houvesses
respirado dentro de mim,
não teria me surpreendido
com as folhas que crescem
e se acariciam à beira dos caminhos.

Se tu não existisses,
não haveria a carícia das estrelas,
e meu rosto seria ignorado pelo universo.
Os meus gestos, nos meus braços,

não teriam mãos,
talvez nem mesmo tivesse gestos
por não suportar a presença de meus braços.

No entanto, meu milagre louro,
os milharais maduros existem
graças aos teus cabelos,
porque tu foste o modelo de tudo,
da paisagem, da chuva, do mar,
das juritis nas árvores do poente,
das folhas e dos caminhos.

E eu amo tudo
e tenho braços
e os abro para abraçar tudo
e tenho gestos
e alcanço as estrelas
que pingam em meu rosto
gotículas de eternidade
e eu existo nas gotículas,
e o universo existe
sem aceleração de partículas.

Santos, 1954

Praia enorme

A lua veio e descansou os remos
sobre o silêncio azul do mar suave.
De onde é que vem a lua? Não sabemos.
Por que é que a lua vem? Quem é que sabe?

O mar ouviu o vento nos telhados,
onde a lua descansa das viagens,
e a noite de cabelos derramados
conta histórias e casos das paisagens.

Quero molhar os dedos no luar
para colher a rosa transparente,
mas eu não sei onde termina o mar
e onde começa a lua de repente!

A luz nasceu na noite tão de leve
que as próprias ondas não bateram asas,
e eu vi a praia pálida num breve
esforço de voar por sobre as casas.

Onde começa a lua? E onde é que dorme
essa paisagem que fugiu dos ermos?
Que céu contém a lua tão enorme
e que mar sabe a lenda de meus nervos?

A casa, a onda, a praia, a lua, o mar
tomaram forma de nós dois. Agora,
quando a lenda banhar-se no luar,
as noites contarão a nossa história.

Boiçucanga, 1955

Sol exausto

Sou a praia de silêncio
que vela por teu sonho de verão.
Vem descansar em mim
meu sol exausto!
Vem descansar da embriagada luz
nas manhãs atordoadas de dezembro.

Sou a praia da tristeza ensolarada:
e, porque sou triste, intoxico-me de só.

Já trancei, pacientemente,
todas as minhas veias
e fiz uma rede que bate.

Tu dormirás em meu sangue,
e te darei voos de albatrozes
para que teus olhos se fechem
lentamente, encharcados de céu
de gaivotas e todos os voos serão azuis.

Meus beijos terão compassos
de palmeiras que se dobram.
A brisa estará presa

entre dois coqueiros inclinados:
e balançarei a brisa
para que seja mais leve
teu sono de asas dentro de mim.

A concha de minhas mãos verdes
terá poemas de acalantos
nas mornas canções das ondas
descabeladas nos sargaços.
Será lindo o teu sono de verão
em todos os dezembros!

Santos, 1955

Por trás das brumas

Quando houver o momento,
nada nos perguntará,
veremos o porto amanhecer
sem brumas e terão partido
os pesados navios brancos
que anoiteceram em nós.

Será nossa para sempre
a beirada verde do mar,
as ondas poderão florir espumas
nas pedras do cais
agora livres dos barcos
que se foram sem nós.

E os barcos irão
arrastando as névoas
porque estaremos sós
à espera do sol,
eles terão problemas de distância
e não nós, que não vamos,
pois não há distâncias em ficar.

Mesmo se ainda houver brumas
cobrindo nossos rostos,
saberemos que por detrás delas
o mar estará existindo.
Fica, o mar estará existindo,
há sempre uma hipótese de sol
para quem não parte
e para quem se vai
não há mais nada do que distâncias
por detrás das brumas.

Santos, 1955

Confissão adiada

Vem, minha muito amada,
consentir-te à beira do silêncio.
Deixa em teus olhos umedecer
a hipótese de tua alma agitada em demasia.

Agora mesmo quase houve
uma confissão caída de teus lábios,
não a digas,
abandona-a à beira do silêncio
e vem.

Vem, tenho uma túnica para cobrir-te,
a túnica das horas
tecidas de instantes por fora
e de minutos pelo avesso.
Vem, a noite será reverente,
e eu te darei um colar de estrelas
com uma cruz de lua.

Vem, minha muito amada,
deixa os silêncios mortos na garganta,
eles rolarão pelos teus olhos
e lavarão a confissão de tua boca:

nada mais caberá em tua voz
que nos separe.

Vem, minha muito amada,
toma da túnica tecida
dos instantes ainda por viver
e deixa para sempre adiada
a hora de falar.

Vem, nossa noite está morrendo,
ouço tosse nas estrelas,
e o luar está se pondo.

Santos, 1955

Semeadora de poesias

Meu sol de carne, eu não te tenho! Apenas
tenho o teu gesto calmo igual ao rio.
— Teu gesto de manhãs de águas serenas,
de rosa que nasceu e ninguém viu.

E sem ter-te, não quero que me deixes!
Fica ao lado das águas transparentes
jogando grãos de estrelas para os peixes...
... que as águas nada trazem das nascentes.

Se for muito o teu tédio ou o teu cansaço,
de atirar, na água escura, estrelas claras,
ceifa então a paisagem com teu braço,
que a terra se desnuda com searas...

É só fazer o gesto de quem corta
e joga a flor que acaba de nascer!
Não choro a vida! Basta-me saber
que a flor nasceu de uma semente morta.

Santos, 1955

Resumo

A memória do que fui
sem a consciência de o ter sido,
a memória dos dias
em que sorri e esperei,
a memória sem lembrança
do princípio,
quero-a em minhas mãos
para ver como se comporta
esse animal raro: o resumo do que sou.

Santos, 1958

Noite de lua quente

"Entre o sono e o sonho
entre mim e o que em mim
eu me suponho
corre um rio sem fim."
(Fernando Pessoa)

É noite de lua quente
quando o vento vem do mar
e vem preguiçosamente
despregando-se do ar.

Fica um sentido vazio
entre o que é vento e o que é ar,
e o ar desenrola um fio
entre o que é lua e luar.

De repente um pensamento
escapa, vai para o mar,
larga o porto nevoento,
vai viver e navegar.

E há um sentido triste
entre o que é ver e pensar
no largo espaço que existe
entre o que é espuma e o que é mar.

E neste leve abandono
eu me sinto ou me suponho
disperto no próprio sono
no espaço entre o sono e o sonho.

E no fim eu estarei
eu só, em mim e ao meu lado.
Como é bom sentir-me rei
de um reino desabitado.

Boiçucanga, 1958

Verão

Havia lua, areia e mar;
não era preciso supor
a vontade de amar o amor,
pois era imenso o amor de amar.

Era real e foi na areia
de verão que a gente se amou,
mas depois veio a maré cheia
de espumas de noiva e apagou.

Então choveu. Foi de repente,
mas devagar, e a chuva morna
nos contornou, como contorna
perfis de mel na areia quente.

Chovia fino, e a praia aos gritos
deu-se ao mar na arrebentação.
E fomos todos infinitos,
o mar e nós, neste verão...

Santos, 1956

O rosto e o mar

O rosto exposto ao temporal,
olhando fixo de um porto frio
para o mar de infinitos tristes
que a chuva tece no arrepio
das cores cinzas sem matizes.

E o rosto, por unhas líquidas arranhado,
suporta a chuva e o mar, como se suportasse,
sem qualquer movimento,
chicotadas fundas sobre a face
batida de distância, de sal e de vento.

Existe alma por detrás do rosto
com aparente calma e horror de tudo,
com ânsias de cobrir-se com as mãos
e de romper o impassível limite do rosto mudo.

O conflito entre o rosto e a alma
percorre os mundos do insuposto
e é mais amargo e violento
do que a chuva sobre o rosto
que contempla o mar batido ao vento.

Se a chuva inundasse a alma
penetrasse o rosto e fundisse
esses mundos sem ninguém,
que mar seria maior e mais triste:
aquele que o rosto contempla
ou aquele que a alma contém?

Boiçucanga, 1975

Poesias do asfalto ao absurdo

Anotações do inconformismo

I – VERDADE

As coisas e os conceitos, que são idênticos a si mesmos,
têm apenas a vivência da evidência,
porque não podem ser e não ser ao mesmo tempo
segundo a longíssima ciência lógica dos velhos sábios.

Mas nenhuma ciência ou doutrina me ensinará
coisa alguma em que jamais poderei crer:
todos os pregadores são pantólogos do nada,
adjudicaram-se uns aos outros
em estados anímicos insuportáveis,
porque racionalizam sentimentos,
e é de ressentimentos que a razão entende apenas
pelo desvalor de valorizar valores.

A moral, a ética, a religião,
cada qual, a seu modo e a seu tempo,
foi uma falsificação de Deus.
Embora eu não saiba o que seja Deus,
sei o que é falsificação,
pois consiste em proclamar-se verdadeira
e nisto não há humildade suficiente
para ser verdade.

II – INVEJA

Agora estou triste e doendo muito.
Não deve mais haver quem me inveje,
possivelmente estejam alegres
os que me invejavam,
embora convenientemente condoídos
e socialmente solidários.

Há pessoas que vão aos funerais do amigo
sinceramente tristes,
mas com um certo alívio
de não terem sido elas que tivessem morrido,
e passam a se cuidar se o amigo morreu de doença
e deixam de viajar se a morte foi por desastre.

Li Aristóteles em demasia,
daí as excessivas derivações sobre a inveja.
Nada disto existe.

Nem, sequer, morri:
apenas estou doendo muito,
e meus amigos deixaram de me ver,
porque supõem que me fazem bem
evitando que eu os veja
sem inveja de mim.

III – GESTORES DE AGRUPAMENTOS

Quando você perceber que, para produzir, precisa obter a autorização de quem nada produz; quando comprovar que o dinheiro flui para quem negocia não com bens, mas com favores; quando perceber que muitos ficam ricos pelo suborno e por influência mais que pelo trabalho, e que as leis não nos protegem deles, mas, pelo contrário, são eles que estão protegidos de você; quando perceber que a corrupção é recompensada, e a honestidade se converte em autossacrifício; então poderá afirmar, sem temor de errar, que sua sociedade está condenada.

(Ayn Rand, filósofa fugitiva da revolução russa, que chegou aos Estados Unidos na metade da década de 1920)

Há muito barulho em política,
as pessoas falam alto,
e as falas ecoam
no imenso vazio.

As pessoas sacodem atos reais,
e não sabem o que são eles,
falam em ideais
deveres sociais
e em outros valores que não valem mais.

Expõem pessoas pobres nas praças públicas,
ofendem-se umas às outras nas televisões,
estupram ideias maltrapilhas,

defendem regimes liberais,
regimes estatais
e outros valores que não valem mais.

De repente calam-se todas
ou são caladas
em nome sempre da liberdade
que a liberdade delas ameaçava.
Então conspiram, umas contra as demais,
armam-se com arsenais,
transformam-se em chacais
ou em vítimas mortais
com direito a discurso, apenas algumas,
outras sem direito sequer a funerais
e outros valores que não valem mais.

Mas chegam ao Governo, todas,
tanto as que falam
como as que não deixam falar,
revesadamente, de tempos em muitos tempos,
governo que não é governo,
pois tanto as que falam
como as que não deixam falar
são meros gestores de agrupamentos
senhores fúteis por alguns momentos inúteis
do enorme vazio de pensamentos.

E culpam as demais
por não realizarem mais,
por não governarem em paz,
pela desgraça que a fome traz,
pela falta que a vergonha faz,
pela velhice dos órgãos estatais,
pelas suas impotências sexuais,
pelas ideologias banais,
as acessórias e as principais,
pelo monopólio dos capitais,
pelas revoluções comunais,
pelos fracassos sensacionais
de seus planos quinquenais
e de outros valores que não valem mais.

Mas não deixam o Governo, quando lá estão,
nem para os outros
nem pelo simplesmente deixá-lo,
isto não fazem jamais,
e, cada qual de um jeito,
todas sabem roubar
nem as que falam,
nem as que não permitem falar.

Hão de ser depostas pelas demais,
por formas várias, votos de falsas crenças,
tiros ou gritarias, ou diligências policiais.

E começa tudo de novo
como nos tempos atrás,
voltam as que falam demais
e voltam as que não deixam falar,
prometem valores que não valem mais,
As Constituições deviam ser códigos penais.

IV – FINALMENTE

Finalmente o que resulta
é a perecibilidade dos sistemas
e a imperecibilidade dos problemas.

As ideologias
ficaram no aeroporto
acenando para o avião que vazio decola,
quando o povo virou pássaro
e aprendeu a voar sozinho,
ao descobrir
que liberdade não é esmola.

Brasília, 1989

A verdade era verde

"As mentiras dos discursos são
verdades que estão verdes."
(J. Antonio d'Avila, "Pastor de Temporais")

Adeus,
nada houve de errado
a não ser os nossos erros.

É verdade que faltou muita verdade
inutilmente trocada pelo que não era verdade.

Não há nada mais infeliz
do que não ser feliz.
Pelo menos isso é verdade.

Há muita desumildade
em dizer as coisas diferentes do que são,
isso cavou o fosso entre nós e o possível.

Teria sido tão fácil
ser infeliz com a verdade
porque seria verdade ser infeliz.

Mas se não há verdade agora,
não houve verdade nunca,
a não ser em nossos erros
pois os erros têm mais verdade em torno,
porque a verdade é a rosa verde dos vazios.

A verdade era verde,
era verde a verdade,
não madurou jamais,
escapou ao golpe do tempo,
a verdade era verde,
ficou verde a verdade;
por ela, antes de morrer,
morri.
O verde foi assassinado pela geada.
O gelo é contra o verde.
É contra o vale do poeta.
Jogue todos os vazios para o ar
E provocará uma chuva verde,
Mas a enxurrada será de mentiras.

São Paulo, 1983

Suicidei-me em demasia

I

Cada vez que amei,
estava disposto a morrer um pouco.
Cometi meus temporários suicídios
conscientemente.
Agora, porém,
morri demais,
suicidei-me em demasia.

Gostaria de ter o meu levanta-te e caminha.
Embora não mais existam milagres,
há de haver milagres,
sempre haverá de haver milagres
para quem está provisoriamente morto.

Mas quem fará milagres no século vinte?
Talvez os malditos loucos
que falam de amor
sem um único ouvinte.

II

Tenho, porém, dúvidas
do meu milagre,

uma espécie de noite universal
que existe graças à infinita
distância entre as estrelas
ou por falta de um corpo
que intercepte a luz delas,
porque a noite, no universo,
é o lado oposto
do lado iluminado dos corpos
ou apenas uma ausência de corpo
no espaço universal escuro,
onde a luz existe na velocidade dela
e ninguém vê,
porque no universo o vazio é sem extremos,
e aí não haverá milagres tão logo e à moda antiga.

É melhor, pois, transformar
minha provisória morte
em definitiva, para navegar
na noite universal
antes que alguma estrela se desfaça
e seus pedaços sejam
iluminados pelo negro dos buracos siderais
para meu espanto
que entendo isso,
e isso é que é milagre.

São Paulo, 1984

Poema claro

Veio o sol absolutamente claro,
a manhã clara,
pássaros de voos audazes
em plena claridade de verdades claras,
de decisões claras,
de atitudes augustas
de um herói viável
claramente feliz com a simplicidade de amar às claras.

Que linda e limpa esta manhã,
sem nenhuma intoxicação alcoólica
com todos os glicogênicos hepáticos
absorvendo com clareza
a luz claríssima do dia claro
criado agora mesmo
com os clarões bíblicos – é claro! –
de coisas eternas
que não durarão mais do que esta manhã.

Manhã clarinha, clarinha,
clara, augusta manhã de verão no Rio,
que Santa Clara clareou
na clara do ovo exposto em muros de quintais.

E ficou tudo tão claro.
Claro demais, demais, demais,
como a clarividência dos profetas iluminados:
Só o amor salvará! Mas é claro!
E isso é tão claro!

Rio de Janeiro, 1966

Tipo poema quinhentista

Tua não presença,
eis minha nova loucura,
e a nova doença de meus nervos
sem o toque de teus dedos,
sem o teu não ser
ou ser minha,
e que se dane o resto da filosofia de Shakespeare,
pois a concepção de ser ou não ser
tem posse dentro e, por isto, é concepção.

Esta não presença, este não ser – estar aqui,
é mais do que a angústia comum e ridícula
que todo maníaco de amor
se apressa em sentir.

É muito mais,
porque alucina gente como eu,
homem tranquilo, sereno, seguro, padronizado,
sempre senhor imperturbável das próprias emoções,
advogado, jurista, enrolado em leis e normas,
com prazos a cumprir, processos a estudar,
e que, de repente, se vê diante do muro
a que tem de agredir

com ímpetos de séculos,
com impulsos de milênios,
com antiguíssimas alucinações
despertadas pelo atrevido milagre
de teu inocente fato de existir.

Nesta hora, em que deixamos os portos
para as longas viagens de redescoberta dos mundos;
nesta hora, em que semeio em teu corpo
a colheita de paisagens distantes,
nesta hora, em que amanheces no meu poente,
tudo tão rapidamente, tão rapidamente,
em órbitas terrestres de rápidos azuis e pretos,
nesta hora em que só nos resta
a pressa de viver sem pressa.

Nesta hora, em que nos penetramos e nos fundimos
porque somos luzes e sombras e cromossomos,
nesta hora de consciente inconsciência;
eu, a quem tão pouco tempo resta,
sei que bem valeu viver para esperá-la
e, creio, que tu, com tanto tempo ainda,
saiba esperar para vivê-la.

Rio de Janeiro, 1966

Escrever poesia

"...o verso;
Que, quanto é alto e régio o pensamento,
Súdita a frase o busca
E o 'scravo ritmo o serve."
(Fernando Pessoa)

I

Escrever poesia.
Escrever?
Enfileirar palavras, concretá-las,
umas por baixo, outras por cima,
e tilintá-las à moda antiga,
com rima?
É ritmo? É música? É síntese?
Por que, então, palavras?
Afinal palavras são simples moléculas sonoras
enterradas em faixas de alta frequência estereofônica
e, quando compostas em versos,
essas coisas monoralmente compridinhas
sempre iguais entre si,
ficam ali, estáticas e a espera
de que alguém as suplemente com a imaginação.

Versos.
Se forem do mesmo comprimento e com cesuras
na segunda, quarta, sexta, oitava e décima,
são clássicos e elegantes;
se forem desiguais
sem cesuras e hemistíquios,
livres e musicais,
são modernos e arrojados,
mas o dentro, o dentro, onde está o dentro?

II
Pássaro contido
não é definição de voo;
nem traço de ritmo no ar.
Retrato de rosto não é o instante molecular da dor
ou de felicidade, ou de indiferença,
filme colorido e sonoro não é vida em torno,
nem o videoteipe projetado lento
impedirá de já haver passado o momento que gravou:
todos os instantes já se foram
com a vida que lhes pertenceu,
nem filmes, nem teipes, nem fotos,
nem versos os trarão de volta com a vida dentro.

III
Camões, Shakespeare, Fernando Pessoa,
que imensas poesias esperdiçaram escrevendo versos

tentando dar aos outros o que era somente deles.
Dar-se. Comunicar-se. Transmitir.
Para os outros, que vão ler, os outros, sempre os outros,
que nada tiveram a ver com aquele instante,
que não estavam no filme,
que não foram filmados no teipe
e não se acharão nas imagens.

Chegar até os outros
é um pouco de desejar o oblíquo
para deslumbrá-los com o ter-se poesia,
que se tem porque se tem
e que não cabe em nenhuma forma de dar-se,
porque todas as formas reduzem à forma,
e não importa que seja súdita a frase
e escravo o ritmo,
pois a forma é grade
onde preso fica o verso
e o pensamento escapa.

IV

Não há marinheiro que reproduza
o porto do último olhar;
nem astronauta que reviva a lua sem serenatas
na viagem de ida
ou a terra na viagem de volta,
a não ser por expressões casuais

sobre as crateras de uma
e a cor azul da outra;
não há quem dê forma
às verdades simples da vida,
à expressão infantil de alegria,
ao abraço da criança que vem correndo
e se atira no colo da gente,
ainda suada da correria, e não diz nada,
apenas fica no colo, ofegante.

V

Tentou-se muito.
Os empolados versos decassílabos
que revelaram muito engenho e arte
reduzidos hoje a indigentes
para a necropsia de estudantes de gramática;
as complicadas abstrações
de sensações expressas aos pedaços
que desmediram sistolicamente
a arritmia entre sentir e dizer,
ou tijolos, ou blocos concretos,

olhos quietos
idiotas
onanismo
quiromania
E nada!

VI
Não há como escrever poesia
é impossível transmitir em versos
o orgasmo que só a mulher amada mereceu.

Não há como dizer ou pintar sobre o papel
a sem definição da morte,
nem o lápis, nem o pincel,
nem a tinta, nem o cinzel,
nem a dor esmigalhada em placas impressas
das letras em cor digitadas às pressas
do meu microcomputador
que imprime e oprime o papel,
não há como dizer sobre o papel
o ato simples de ouvir e ver,
de pensar e saber, ou de ser, ou não pensar,
ou não saber.

E por que o papel?

O que tem o papel a ver com a poesia?
Apenas porque se escrevem ou se imprimem
sobre ele frases lúcidas ou abstratas,
o papel passou a ser fundamental para os versos?

Se o papel tivesse a forma
de um não se sabe o quê,

os versos teriam de ter
não se sabe o que de forma
para ser poesia?

Mas o papel é papel,
por isto a poesia deve ser escrita e lida
e bem-comportada;
e fingir que jamais esteve
no semicerrado dos olhos inundados de música,
e de onde, na verdade, não saiu.

Como não saiu do teorema azul do mar,
da geometria amarela da laranja,
do fim de tarde que rola na areia da praia,
dos olhos da mulher sozinha,
da sonora risada de meu filho
e da hipótese de beleza
que haverá daqui a pouco
se a vida continuar.

VII

Estou escrevendo sobre o papel,
embora entenda ser isto estúpido
como economista que calculasse juros;
péssimo taquígrafo de mim mesmo,
sou incapaz de grafar o instante
em que discuto comigo
o enigma de ser poeta,

ou de supor que o seja,
o enigma de ter poesia
com preguiça de reduzi-la
às frases compridinhas
em estrofes disciplinadas.

É melhor deixá-la
apenas agitada
pela sua própria ânsia de belezas,
energéticas origens e fins de todas as coisas,
ausência absoluta de coisas,
ausência completa de fins,
ausência total de origens,
tudo girando em esferas equilibradas
sem nenhum verso que as desintegre,
tudo lindo e igual ao Universo,
mas não dentro dele,
pois a poesia não cabe em dentro algum
por ser – quem sabe? – o único dentro
que existe do lado de fora de si mesmo.

São Paulo, 1972

Estar só

Estou só,
espremido por estas amargas distâncias
entre o passado e o futuro.
Estar no meio do tempo
é a forma definitiva de estar só.
A falta do passado
e a ausência do futuro
fazem do presente a irremediável solidão total.

Estou só,
amargo, quieto e duro.
Os olhos vermelhos
de lágrimas e de álcool.
Minha cabeça deseja a mão de meu pai,
e minha mão deseja a cabeça do meu filho.
Mas não tenho nem uma, nem outra coisa;
e cheguei à conclusão de que estar só
é uma ausência absoluta de gestos.

São Paulo, 1975

Deixem a morte em paz

"Mors ultima linea rerum est."
(Horácio)

*"A morte é um fato. Não podemos
corrigir os fatos."*
(Graham Grene)

*"Alma, não aspires a vida imortal,
mas esgota todo o possível."*
(Temístocles, 525 a.C.)

*"O desejo de prolongar a vida além do
natural me parece absurdo."*
(Sigmund Freud)

O telefone tocou.
Disseram-me que um amigo meu,
mais moço, mais disposto, mais saudável,
morreu.

Além da piedade usual
que se tem dos que morrem,
veio-me a inevitável consciência
de que eu, mais velho do que ele,
devo andar pela hora de morrer.

Senti isto tão tranquilamente,
tão sem temor,
que me concebi como coisa que se usa
e que depois de usada se atira ao lixo,
local onde se amontoam as coisas
que antes eram nenhumas,
as chamadas coisas descartáveis
da nossa civilização de mercados
e não recicláveis.

Morrer é isto.
É acabar tão completamente
que sequer a memória de ter sido
será alguma coisa.
Não se estará mais em lugar algum,
nem em outro modo de estar,
mesmo que seja possível
conceber-se o estar em alguma parte
que não seja lugar.

Descansou!
É o que dizem todos diante de seus mortos,
verdade popular que se sobrepõe às filosofias e às
religiões,
pois estas pregam a vida depois da morte,
contrassenso que a ambas nega,
posto que a morte é o fim da vida (todos sabem disto)

e, se a vida continuasse depois do fim,
o fim não seria fim,
seria começo igual à manhã de todo dia
e não haveria necessidade de tantas religiões
para provar o que tão simples seria!

Já que se tem de morrer,
que se morra completamente,
nada de prestar contas a Deus,
como se ele fosse um fiscal tributário,
nada de submeter-se a penitências,
nada de reencarnações,
como se a morte
fosse meio de transporte de um lugar para outro
e que levasse por aí
as partes sujas da vida a que pôs fim.

Não, a morte não pode permitir
que a vida se lhe sobreponha,
pois não teria nenhuma utilidade para seus mortos
nem para quem reza
nem para quem sonha.

Descansar!
Chegar ao nada absoluto e tranquilo,
não ter que continuar o debate entre o bem e o mal,
entre o certo e o errado, entre o humano e o divino,

mas simplesmente deixar acabar
o centro nervoso da memória
onde tudo isto se deu
por imposição milenar.

A vida tem sua chance. Quando acaba, acaba.
Por que perturbar a morte com ameaças de
imortalidade?

Deixem a morte em paz!
Não a contrariem com ideias de coisas imortais,
a morte existe precisamente para que as pessoas
morram,
a morte, que nada tem de depois,
a morte, sem conjecturas, sem êxtases, sem histerias,
a morte, que continua para além de si mesma
sendo morte,
a morte, que é a vida precisamente por ter acabado,
é a consciência de que não mais haverá consciência.

O telefone tocou outra vez
de repente, era meu filho:
"oi, pai, tudo bem?"
E a eternidade me sorriu
suavemente.

São Paulo, 1976

Não quero domingos

Se o ditador tortura e crê em Deus
eu não creio em Deus;
se o militar espanca e vai à missa,
eu não vou à missa;
se a polícia assassina e manda rezar por seus mortos,
eu não quero rezar;
se há massacre de crianças,
se as rosas estão em sangue,
se há morte nas ideias,
se há bombas nas ogivas
e corpos dilacerados,
se há cárceres e noites
para gemer a dor de ter pensado,
se o que se pensa é crime
contra o que pensa diferentemente,
mas é o dono do cárcere,
se o que morre no cárcere, morre sonhando
que um dia poderá ser dono de outro cárcere
para vingar a dor física do ideal oposto,
se todos matam todos, militares, terroristas,
e vão à missa aos domingos,
eu não quero domingos!

São Paulo, 1966

Estar aqui, neste lugar

Haver deixado o lago,
as raízes, a rápida paisagem
dos cavalos cavalgados
nas amarelas tardes dos laranjais maduros;
haver deixado a lua
jogada na prata verde
dos bambuzais escuros;
haver deixado a úmida
picada de mato e o susto
dos seios revelados e dos beijos puros.

Haver deixado a mínima
preocupação com o sol e a chuva,
e a rezação contra geada
e contra enchentes;
haver deixado o gesto livre
das colheitas e das sementes,
a última árvore por plantar,
e os futuros frutos sem colher,
as cantorias de viola,
os improvisos e os repentes,
as valentias santas

de violeiros com flores nas gargantas
regadas de sonhos e de aguardente.

Haver deixado a terra e a gente,
que amei tão impulsivamente,
para vir vindo, vir vindo,
e chegar nesta psicose de concreto,
antecipadas lápides de muitos andares
para os insepultos mortos da cidade reta
que vagam pelo necrotério dos bares,
violentados pelo sangue e pela agonia
dos assassinatos famintos, intoxicados e sujos,
punhado de poluídos caramujos
vomitados por violenta maresia.

E agora isto: o cheque,
a promissória, o Banco,
o farol vermelho, o carro,
o breque, o cigarro, a morte,
a bomba, a casa de lata,
o esperto que passa
por baixo da catraca,
a criança que mata
antes de aprender a amar,
o assalto, o sobressalto,
e o sangue no asfalto,
que a Prefeitura vai lavar

para as pessoas que vão passar
indiferentemente,
toda essa gente
indiferentemente indiferente!

Estar aqui, não estando aqui,
sem poder voltar por estar aqui
e por haver deixado todas aquelas
amarelas tardes de meus laranjais,
que morreram nas tardes amarelas,
por já ser tarde demais.

Estar aqui, neste incrível lugar,
onde, vagabundo e sujo, até o rio
se arrasta em silêncio
em direção oposta ao mar.

São Paulo, 1977

Discussão com o avesso

"Eu não sou eu nem sou o outro."
(Sá Carneiro)

Não posso mais suportar
o pacto de mim comigo,
nem posso rompê-lo agora,
a menos que me voltasse
contra mim, no meu passado,
e me dispusesse a ser
inimigo de mim mesmo
nos meus rumos sem retorno.

No desacordo entre mim e eu
não tomo partido,
chega o que já tenho perdido
de um e de outro
por andar tão dividido.

Deixo-os coexistindo
nesse dentro de ir indo
entre o que sinto e penso,
pois se não penso, sinto,
e se não sinto, penso.
Logo existo? Mentira.

Ou penso ao contrário do que sinto
ou sinto ao contrário dos contrários todos,
e descubro que pensar
não me faz mais existir,
e no contrário das contrariedades
todo o processo só resulta em dividir.

Enquanto não me sou em mim
também não sou eu esse outro
que rompeu comigo dentro,
e que não é nada,
e que, por não ser nada,
é o avesso de ser tudo,
posto que o bem é o lado do avesso do mal,
embora socialmente isto não seja admitido,
porque seria verdade;
e a verdade é o lado de dentro da simulação.

Não, não tomarei partido
no desacordo entre mim e eu,
chega o que já tenho perdido
de um e de outro,
por andar tão dividido.

São Paulo, 1978

Agora

Enquanto dura este quando
dura o agora, e nesta hora
que passa, mas que passando
fica dentro e não por fora.

O agora que dura o instante
antes da hora futura,
ponto entre o depois e o antes,
e sobra do que não dura.

Sobra por não ter durado,
mas sobra, e a gente sente,
entre o futuro e o passado,
o agora sem ser presente.

O agora de cada instante,
mesmo o ainda não vivido,
dia próximo ou distante,
que se teve ou não foi tido.

E que dura quando o enquanto
fica da hora vivida;

cada agora dura tanto
que não cabe numa vida.

Não cabe sequer no agora
que é tempo apenas presente
visto do lado de fora.
Dentro, o tempo é diferente:

Tem outro agora, outro instante
é o avesso do momento,
é sorriso sem semblante
um gesto sem movimento.

São Paulo, 1978

(Este poema pode ser lido de baixo para cima.)

Meninos de doze anos

I

Por que, agora, passados trinta anos,
lembrar meus amigos de infância?
Por que esse processo esclerótico
de ver tão claro seus rostos de crianças
na algazarra alegre do recreio da escola,
nas correrias pelos campos de futebol
e na gritaria do último dia de aula?

Por que mergulhar na memória
para esse reencontro vivo
e ouvir suas vozes novamente infantis
seus rostos suarentos de brincar ao sol,
nos sorrisos de meninos de doze anos?

Que utilidade tem isto?
Ou será que passei a vida
procurando utilidade em tudo
e isto vem lembrar-me
que não há conexão entre a vida e a utilidade,
ou porque tive a vida aos doze anos,
e o resto foi utilidade sem muita vida?

Será que me estou procurando entre eles
com vontade de ouvir na algazarra deles
a minha algazarra de menino em início de férias?

Mas é bom vê-los, de novo,
aos doze anos!
Seria decepcionante saber
que se transformaram
em médicos, em advogados, em negociantes,
em industriais, analistas, engenheiros,
bêbados, vagabundos, políticos, funcionários públicos,
que se tenham transformado em tudo isto
ou em nada disto
pelas várias vias de se chegar a parte alguma.

Seria decepcionante e cruel
saber que qualquer um deles tenha
aconselhado cirurgia mal ou bem-sucedida,
mas apenas para comprar um carro novo;
ou que outro tenha subornado um Juiz,
ou que tenha sido o Juiz subornado,
ou que tenha colocado menos cimento
na estrutura do prédio que caiu,
ou que tenha feito discursos contra o regime
ou a favor do regime, dependendo
se estivesse com fome ou se estivesse gordo;
ou que tenha tido cirrose,

que tenha comprado votos para eleger-se
e vendido seu próprio voto para pagar-se,
ou que tenha tido coisa alguma,
ou deixado de ter.

Seria decepcionante porque, em qualquer hipótese,
não teriam mais doze anos;
e cruel porque não fazem mais
a algazarra de passarada solta da minha infância,
aquela revoada de rolinhas jovens
rumo ao nada disto que se vem a ser.

Por onde andarão?
Não tem razão o poeta.
Convém deixá-los com doze anos
pregados na fotografia do álbum
de onde eu mesmo não devia ter saído
para não ter que me lembrar disto.

Por que saí? Mas eu saí?
Desconfio que é da fotografia que estou me olhando
e não eu olhando a fotografia.
Estive ao meu lado todo esse tempo
vendo-me deixar com doze anos.

Ah! Mas cheguei à posição dos vencedores,
sobre que e sobre quem, não sei

ou não me interessa lembrar,
mas cheguei às grandes casas,
aos carros de último tipo,
às fazendas, às contas bancárias respeitáveis,
cheguei ao que se costuma dizer
que foi um sucesso por fora
para diferenciar dos que nada têm e que podem ser
sucesso por dentro e ser felizes.

Cheguei e tenho certo temor
de olhar o garoto de doze anos na fotografia
aquele que participava da algazarra alegre
ao repartir as frutas do pomar que não plantou.

Mas tenho a certeza de ter andado certo,
escrevi livros, plantei árvores e tive um filho:
é fórmula secular de ser útil à humanidade.

II

Ah! Meu filho, quero ser seu companheiro de infância!
Nas árvores, onde eu tinha meus navios e meus aviões,
nós teremos astronaves e foguetes interplanetários.
Nas férias, quando eu cavalgava pelos campos,
nós voaremos pelas estrelas
e descobriremos novos quasares.

Meu filho, preciso de sua infância
para rir com seus amigos,
os mesmos que tive aos doze anos
e que estão pregados na fotografia,
eles sairão do álbum para brincar conosco
e me perdoarão por haver crescido
porque eu lhes darei você, comigo dentro.

E nós faremos de conta que ninguém mudou,
que ninguém fez mal a ninguém,
como acontece aos adultos.
Faremos de conta que não sabemos fazer contas,
que a vida tem doze anos,
porque ter doze anos é ser puro
e não importa o resto.

Vamos jogar as casas para o ar,
como se fossem mexericas,
vamos deixar os carros, porque temos astronaves,
vamos fazer aviõezinhos com as contas bancárias,
porque são papéis fáceis de conseguir
e de enjoar;
vamos cuspir fazendas,
são caroços de jabuticabas,
e rir, e correr, e respirar o vento,

abraçar o sol, rolar no mar,
sonhar na areia: é tudo nosso,
porque temos doze anos.

E não precisamos de contas bancárias
para ter doze anos!

Não precisamos de filosofias
para ter doze anos,
não precisamos de regimes constitucionais,
ou institucionais, ou jurídicos,
para ter doze anos;
nós temos doze anos para ser
livres e felizes. E só.

São Paulo, 1978

Processo-crime em Lisboa

> *"Precursor do que não sabemos,*
> *passado de um futuro a abrir."*
> (Fernando Pessoa)

Poeta – Senhor Juiz Criminal,
vim propor ação penal
como vítima de furto.

Juiz – O que, como, quando e quem?

Poeta – Antes que eu nascesse. E o bem
furtado foi o absurdo.

Juiz – Tua qualificação
e qual o nome do ladrão
de uma coisa tão à toa,
e o que é que o absurdo tem?

Poeta – Sou poeta e o ladrão também:
Fernando Antônio Pessoa.
Furtou-me todos os temas
e quase todos os poemas
que um dia eu ia escrever.
Furtou alma, Deus, estética

de quase todos os poetas
que ainda estão por nascer.

Juiz – Se foi antes de nasceres,
dele são os versos dele
ainda que sejam teus.

Poeta – Não há coisa alguma nova
e nisto reside a prova
de que os versos eram meus.

Juiz – Se o furto está provado,
por onde anda o querelado
para citá-lo onde for?

Poeta – Dizem que morreu, não creio.
Porque ele mesmo se confessa
um grande fingidor.

Juiz – Não é possível puni-lo,
a morte extingue...

Poeta – O estilo?

Juiz – Não, a punibilidade!

Poeta – Morto? Ele é vida, é só vida!
Sua morte foi fingida
para enganar a humanidade.

Juiz – Se está vivo, que responda
à queixa! Em que mar, em que onda
ele está? Encontra-o, então!

Poeta – Das muitas fugas, sei de uma,
está disfarçado em bruma,
vive com D. Sebastião.

Juiz – Mas onde, onde eles estão?

Poeta – Em outro Portugal, não
neste. Estão tramando história,
com os furtados absurdos
para abrirem mais futuros.

Juiz – Processa-os com rogatória,
pede-lhes a extradição,
Pessoa e D. Sebastião
que vivem no mar a sós!

Poeta – Fernando Antônio Pessoa,
que estais com D. Sebastião,
nos mares, rogai por nós!
Nas brumas, rogai por nós,
trazei-vos de volta, os dois,
os dois, voltai para nós!

São Paulo, junho de 1982

Saulo:

E seu poema é, como (quase) tudo que você escreve, absolutamente superior. Épico.

José Paulo Cavalcanti.

Naufrágio ao pôr do sol

Vim ver o mar e ouvir o que ele diz
e perguntar-lhe, ao pôr do sol na praia,
que fiz de mim de tudo quanto fiz?
– E o mar responde com enorme vaia!

Mas eu venci, venci, cheguei no onde
tanta gente tentou chegar em vão:
à riqueza e ao poder! – E o mar responde
dando risadas na arrebentação!

Ridícula essa hipótese de ver,
nessa massa idiota de águas bravas
a censura do que eu deixei de ser
– Mas nas ondas o idiota gargalhava!

Calei-me e, antes de que o sol se fosse,
eu fiz versos ao ritmo do vento.
Então o mar, incrível, amansou-se e
saiu cantando pela noite adentro!

Cantou como ele só sabe cantar,
deixando-me um sabor de sal nos lábios.
E a noite me avisou que o velho mar
ainda se alimenta de naufrágios.

Boiçucanga, 1982

L X X V

Chile não tem Jerusalém,
por que o martírio de Neruda?

Para onde vai a poesia
do poeta morto em solidão?

A poesia se refugia
no corpo dos assassinados?

Será possível metralhar
chuva escondida nas nuvens?

E Deus, por que permite a morte
dos poetas que nos emprestou?

São Paulo, 1982

São Paulo, o outro

"Donatários? Caciques? Zambis? – Qual!
poetas e poetas e poetas e poetas."
(Guilherme de Almeida)

São Paulo é um carro atrás do outro e outro,
o outro do outro do outro e do outro,
São Paulo é sempre do outro,
a culpa do outro,
o ódio do outro,
a moto do outro,
o crime do outro,
a fortuna do outro,
o outro que não somos nós
porque a nós nos resta impaciência com o outro da
frente
por culpa do outro de trás que se impacienta conosco
por sermos o outro dele;
e por sermos o outro dele
é sobre nós que ele despeja ódio e buzina,
a buzina que berra a punhalada, em plena rua,
e ensanguentada de som e de motos,
a hemorragia dos desesperados nervos
diante de um farol vermelho,
o vermelho que não deixa passar,

que é o muro contra ir embora,
contra a liberdade de poder ir
como se fosse – e talvez seja –
o muro de Berlim que aqui
jamais vão derrubar.

Dentro de cada carro que corre,
ainda existe um espermatozoide mal desenvolvido
que quer chegar na frente do outro,
ou um motoqueiro que morre
na ultrapassagem, julgando ser coragem
jogar fora a vida por uma bobagem;
mas está atrás do outro e do outro e do outro.

A fila que anda é a outra, jamais a nossa,
sempre a outra, ao lado ou remota.
E quando se passa para a outra fila,
e por sobre outro carro ou outra moto,
a antiga fila começa a andar
porque ficou sendo a outra.

Nem mesmo quando o sol se põe
visto do Ibirapuera
ou quando as luzes se acendem
aos pés do Cerro Corá,
ninguém se detém para conter o incansaço
de estar atrás do outro, e do outro do outro, do outro;

Ah! Meu velho São Paulo de Anchieta e de Bartira,
do tempo em que existia a Virgem Maria,
a linda menina do Médio Oriente
mãe do Deus
imaginado, construído e tornado verdadeiro por São Paulo,
o outro, quando já não havia tantos deuses
e era preciso outro
que viesse depois dos outros
para ensinar outro ensinamento
que os outros não sabiam,
o ensinamento, um outro,
que era amar aos outros
distantes ou próximos.

Ah! meu velho São Paulo,
de onde saíram bandeiras e monções,
umas atrás das outras,
os outros paulistas que são heróis
segundo os professores das outras escolas
pagas pelos outros
que contam tradições dos outros,
pois um conta do outro,
até que chega nossa vez
e não há mais herói nenhum,
nem mesmo um ou outro.

Os velhos bandeirantes, que foram outros
sem que nos contassem a outra história
de matar índios, pretos e os algarvios pobres,
porque os senhores eram outros
e os outros sempre matam os outros.

Agora, o assalto e o assassinato
ficaram sendo apenas um acidente de trânsito
diante do farol vermelho,
o vermelho que não deixa fugir
e que é a cor do fuzilamento sem defesa,
porque defesa é privilégio dos outros,
justiça é para os outros,
culpa dos outros,
ódio dos outros,
crime dos outros,
impunidade de todos.

São Paulo, São Paulo, o outro,
escritor de cartas, umas após as outras,
a outros coríntios, que se converteram ao outro Deus,
e, agora, misturador de raças, umas com as outras,
matador de homens,
que se matam uns aos outros
falador de idiomas dos outros,
que se misturam com outros idiomas,
todos outros, sempre outros.

São Paulo de agora e de outros tempos,
martirizados um e outro,
inventor de Cristo
de muitos Cristos, um Cristo atrás do outro,
cada qual com seu outro às costas,
com todos os barrabás às soltas,
com todas as crianças decapitadas como as outras,
com todos os evangelhos rasgados iguais aos outros,
com todos os homens sem amar uns aos outros,
sem mão que lave a outra
porque não há mais o Cristo da Maria de Anchieta:
ele é completamente outro,
ou outro, ou outro, ou outro,
e tudo dá no mesmo
o mesmo soluço
a mesma tristeza.

Boiçucanga, 1982

Navegar foi preciso

"Navígare necesse est,
vivere non est necesse."

(Virgílio)

Sou uma ilha de antevésperas de dramas,
sob um luar de espuma, alucinadas tramas
que a calmaria esconde antes da tempestade
e sobre a areia clara a água calma é muda.
Mas de repente o mar inunda a areia e muda
em loucura o luar e a ilha, e a tudo invade.

A tudo invade, invade alucinadamente
a noite que recua e a lua que, demente,
dá gargalhadas no pico incrível da montanha
iluminando o sal das águas retornadas.
Ah! Minha ilha de antevésperas de nadas
desancorados em derivas tão estranhas!

A tempestade que pressinto é bem mais fria
que a calmaria que suporto todo o dia.
Jamais um pássaro pousou em minha ilha:
não tenho, pois, qualquer esperança de voo,
e esta loucura em paz com que em mim me atordoo
encalha nesta ilha a quilha azul das milhas.

Estou longe demais, desarmado de rumo,
não penso, não me importo, não sonho, não durmo,
mas não chego a mais nada nem sequer ao fim!
Não sei que tempestade alcançou-me no mar
quando em vez de viver me pus a navegar;
naveguei para dentro e naufraguei em mim.

Boiçucanga, 1983

Redondilha de setembro menor

E me sinto bem
como quem não tem
últimos instantes.
Nada mais destrói,
nem doer não dói:
a dor morreu antes.

Boiçuganga, 1983

Solidão

"Minha força está na solidão. Não tenho medo nem de chuvas tempestivas nem de grandes ventanias soltas, pois eu também sou o escuro da noite."

(Clarice Lispector)

Hoje ela voltou.
a mais antiga,
a mais amada,
a amada maior,
a mais amiga
e única, verdadeiramente única.
Saiu das coisas ao redor
e mansamente despiu a túnica
do invisível estar longe tanto tempo;
e aproximou-se tímida, tremendo,
envergonhada, encolhida no ângulo do canto
incrédula e arredia
como quem ainda não confia
por ter sido abandonada tanto.

Mas voltou e saiu.
de todos os lados,
dos livros, das cadeiras, dos armários,
das abertas gavetas vazias e dos vários
pratos amontoados na pia,

do lado intocado da cama
do espaço que sobrou na estante,
da toalha do último dia,
da porta fechada no último instante.

E ficou como sempre fazia,
absolutamente quieta,
gueixa submissa e medrosa,
mas, ávida de poeta.
Deu-me em silêncio – e enfim! –
a rosa que me guardara,
a mais rara rosa:
a rosa do medo,
que em segredo
cultivara longe de mim.

A rosa cultivada pacientemente
enquanto eu, indiferente,
deixei-a por tanto tempo,
inconscientemente inconsciente,
na vida que vivi à toa
com tanta gente que atordoa
sem supor – e eu não supus –
que poderia ofendê-la, a mais amada,
pelo continuado absurdo de deixá-la
esmagada nos excessos de vozes e de luz
que de nadas sonoros povoavam minha sala,

meu quarto,
meu enfarto,
o meu por mais que não me importe
e que era o vazio caminho para a morte
do nada ter feito na vida
que escondi de mim mesmo
debaixo de um tapete de nervos.

Mas ela voltou,
a mais antiga amada, a preferida.
Curada a ferida do abandonada tanto,
ela volta e me entra pelos poros
tão docemente,
tão sem revolta,
que, quando volta,
espanto-me em merecê-la.
E ela ainda traz
a incrível oferta
estendida na mão
e nisto descubro
a descoberta e a desconcertante grandeza
de seu máximo perdão.

Ela voltou,
a mais amada,
a mais antiga de minhas sombras:
a solidão.

Ah! Minha amantíssima solidão
que imensas injustiças eu te fiz
jogando-te aos cantos da casa,
empurrando-te aos abismos das luzes acesas,
julgando que não ser feliz era não ser feliz
por ignorar as tuas corretas incertezas
tão fascinantemente quietas
e tão certamente certas.

Vem, vida de minha vida,
deixa que minha cabeça,
nevado algodoeiro
de inúteis raízes jurídicas,
descanse nos teus retornados vazios,
de muitas certezas empíricas,
e repousa nos meus joelhos
tua volta em volta de mim,
e pousa, em forma de mãos, em meus cabelos
a sensação de seres assim,
de seres a abelha que não fere a flor
na sabedoria de pressupor o mel,
de seres o mar, ensolaradamente verde,
que se curva ao beijar o seu parcel,
e que se rasteja embora reflita o céu,
o mar memória eterna das estrelas.

Que delicioso arrepio
sinto agora na pele livre
de tudo que já tive,
agora que estás ao meu lado
e que me dás a sensação suprema
de não ser tocado.

Vem, minha última e primeira,
minha extrema e querida companheira,
minha mais antiga namorada,
e dá-me o silêncio que sempre quis
para que eu possa ter em meu delírio
a luminosa consciência de não ter nada
e ainda assim, e por isso, ser feliz.

São Paulo, 1983

Galope à beira-mar

(Uma das espécies da poesia nordestina repentista e do cordel.)

Agarro-me à ideia de amar e não amo:
sou vento que enrola nos próprios cabelos
azuis tempestades de seus pesadelos.
Estou entre loucos e louco reclamo
ter sido mais louco que todos e chamo
de louca essa ideia de amar sem amar,
que tanto busquei e de tanto buscar
fiquei no meu nada, que nada me traz,
agarro-me ao nada e ele se desfaz
cantando galope na beira do mar.

Se sonho, suponho o que ponho no sonho,
se acordo, recordo e transbordo de nada,
um nada tão forte de morte esperada
na hora do agora de um tédio enfadonho,
que chora de fora de um mundo medonho
seu sono, seu sonho, sem ter que acordar
parado no azul, sem nada para dar,
sem nada, que é tudo que tenho de pouco,
de um nada que é muito e demais e que, louco,
não diz coisa alguma na beira do mar.

E mudo de azul e de vento nas ondas
carrego o meu nada encontrado na areia,
garimpo nas horas da lua, bateia
dos loucos, a teia de sonhos das rondas,
e colho nas mãos, dispostas em conchas,
meus fios de lua do véu do luar,
coroa de luz, que fiz para dar,
a cruz do vazio de braços abertos
que jogam distâncias nos nadas desertos
dos cantos sem voz e na beira do mar.

João Pessoa, 1983

A seca e o céu

"Porque a todo o que tem, dar-se-lhe-á,
e terá em abundância, mas ao que não
tem, tirar-se-lhe-á até o que parece ter."
(MATEUS 25,29 CF. 13,12)

Dorso dobrado pelos dobres longos
dos pobres sinos dos sertões sem nada,
fui servo de vigários loucos, poucos,
como eu, serviram Deus ao sol da enxada,
sem pedir nada; a fé, minha ciência,
de ser o livre escravo por querer
o céu como endereço, foi o preço
que paguei por não ter o ter que ter.

Não vejo mais nos sinos os destinos
das preces dos meninos descarnados,
rachados sinos dos sertões calados,
vigários mortos sob o sol a pino,
a magra ossada branca onde foi rio,
espanca o meu caminho tropeçado
nos passos e cansaços de um cansado
pedir nada e perder tudo no estio,
menos a fé de ter o que não ter.

Esta fé, que é meu fim e meu começo,
que é minha teima enquanto o sol me queima,
a fé, que me batiza, pelo avesso,
com água fresca, imaginada e santa,
e limpa da garganta o nó de pó,
mantém-me o céu como último endereço
para que eu possa ter sem ter que ter.

João Pessoa, 1983

Meninos

I
Sempre fui menino,
menino fui sempre.

Bebi muito segredo
nas lágrimas em seco,
assisti muitos pássaros
se suicidarem do alto
com as asas coladas
ao corpo batido surdo
nas pedradas do susto.

Sempre fui menino,
menino fui sempre.

E tropecei nas flores
perfumadas de lua,
os pés sujos de lama
meu sapato de hipótese,
mas havia sementes
de searas futuras,
as frustradas colheitas
em balaios de estrelas,

fiquei feito do avesso
do que tudo supus,
sou o avesso da terra,
minhas dores são sujas.

Sempre fui menino,
menino fui sempre.

II

Agora sou um menino
com outro menino às costas,
o filho menino meu
que de mim se fez menino.

Menino com outro menino às costas
que atravessa o rio a pé e a vau,
cuidado o rio tem memórias mortas
dos afogados nas lascas de pau,
cuidado que a vida
é uma queda de pedras que correm pro mal.

Não tenho medo de nada
pois sou o oposto da morte
e agora levo nas costas
um outro menino, o meu:
nem nos meus passos tropeço

e por ele posso voar
e vou descascar o sol
para comer luzes em gomos,
carrego o menino às costas
para que ele não aprenda
a travessia das lágrimas,
meus pés caminham raízes,
e ele floresce nas asas,
os pássaros são felizes.

Eu vim do avesso do longe
onde a memória é o silêncio,
extraordinário é ter vindo
com muita estrela no bolso
e um passado, feito sombra,
que me segue e não diz nada.

Dele é o futuro que é meu,
plantei para isto o luar
na fértil calma em que arei
sulcos de frutos de amor,
para que ele colha os polens
das flores logo que nasçam,
e possa ser o primeiro
a degustar as sementes.

Sempre fui menino
menino fui sempre
e o menino que carrego
às costas, o meu menino,
há de ser sempre menino,
para isto o alimentei
com suco de sol nascente,
dei-lhe primaveras lindas
de hora em hora até crescer,
e não lhe falei jamais
das dores que se sujaram
nas mordidas das cadelas
tropeçadas nesta fuga.
Dores? Ele as terá, sim,
mas as dele serão limpas.

São Paulo, 1976

D. Sebastião está no Brasil

D. Sebastião está no riomar,
acostumou-se ao sol, não quer voltar,
porque de imenso foram feitos ambos;
navega em sua nau, última e egrégia,
El-Rei no reino das vitórias-régias,
no império do futuro a que chegamos.

Hoje comanda os mouros e os cristãos,
asiáticos, judeus, todos irmãos,
e El-Rei, mais destinado que Cabral,
domina tudo, as guerras e as revoltas,
e cancelou de vez a sua volta
porque não cabe mais em Portugal.

Pois de futuro é feito seu retorno
e somente o infinito tem contorno
bastante para havê-lo! Eis a senha:
no desvendado e já vindo porvir,
onde é impossível Alcácer Quibir,*
El-Rei espera: Portugal que venha!

São Paulo, 1984

* Decassílabo com acento na sétima sílaba, permissivo usado por Fagundes Varella.

Rubayat a Portugal

Portugal nos deu escravos
e língua, roubou-nos o fado,
não nos deu D. Sebastião
e o mistério de esperá-lo.

Por muito que tenha dado,
o melhor foi sonegado,
deu-nos cruz e Tiradentes
mártires esquartejados.

Das descobertas, nenhuma;
somente a nossa, só uma,
das Marias deu a Louca,
mas sem ter direito à bruma.

De nós tudo escondeu
até a dor que o envelheceu:
como se pode amar tanto
a quem tão pouco nos deu?

São Paulo, 1984

Deus pagão

A tarde gira o sol movendo nuvens últimas,
escapa-lhe das mãos o dia e cai no mar,
na areia a cor tossindo assusta o vento sul, mas
a noite, indiferente a tudo isto, é o final.

E há um Deus pagão no ritual do poente,
um desgastado Deus, seu próprio morto em paz,
sem templo, sem Olimpo e usa o sol doente
para se deitar na luz e se cobrir de mar.

Remando lento um barco encosta ao cais da alma
nem nota o Deus morto, embora a noite o vele,
não há mais Deus sem fé: a fé é Deus e a causa
de si mesma, que faz seu Deus e a morte dele.

Boiçucanga, 1984

O meteorito caiu do luar

Caiu um meteorito nesta noite clara,
podia ser um pássaro fugido do futuro,
e aquele estrondo medonho
de apressadas rezas
talvez fosse o grito de horror
por ter chegado com atraso
ao mundo dos que nunca voaram.

Mas a noite é de lua cheia,
e a lua está tão linda.
Que mulher sozinha
estará olhando para ela
e sofrendo qualquer abstração
indefinida de mim?

A mulher que eu amo
ainda não me encontrou,
porque se ela é verdadeiramente
a mulher que eu amo
jamais me atormentará.

Da janela do hospital
o doente fica mais pálido
e tem medo de ser a última lua cheia!

A mulher que o ama
deveria flutuar na lua
para lhe dar segurança e paz
pois é desesperado
o olhar dos enfermos em noites de luar.

Algum lobo está uivando dentro de mim,
os cachorros estão uivando
longamente tristes
pela extrema amargura de não serem pássaros.

Leve, a nuvem passa entre a lua e a noite
talvez seja o aviso
de que a transparência transformada em coisa
vai descer do céu
para dançar no lago do luar.
Ali caiu o meteorito,
talvez fosse um pássaro de metal
despencado de um pomar de aço.

Ribeirão Preto, 1984

Transplante

Quando alguém ler meus poemas,
gostaria de enxergar seu coração
e ver se entrei lá;
e se meus versos tiveram cateterismo
suficiente para atingir miocárdios.

Imagino na poesia
um processo de transplante
sem rejeição,
pois se rejeição houver
a indefesa poesia
morrerá no papel
sem responder às perguntas
que lhe formulo
para serem respondidas
pelos emprestados olhos
daqueles que a vão ler.

Poesia contém sementes
que não floresceram na primavera,
sementes das engasgadas rosas
que se frustraram,
das nascituras flores

que outras chances somente em almas
poderão ter,
pois o que não se plantou na terra,
na alma germinará.

Pode haver algo mais triste na vida
do que poema exposto a olhos indiferentes?
A maior e mais sofrida distância
está entre pessoas que se dão as costas.

Ribeirão Preto, 1984

Quadrinhas e quadrona

I

Tive, ontem, muita saudade
e hoje não sei mais do quê.
Pensarei nisto mais tarde,
se depois não esquecer.

II

Vi-me no espelho e notei
que estava decapitado:
em que parede deixei
meu rosto dependurado?

III

Enjoei-me de mim um dia;
nunca mais olhei no espelho,
se olhasse hoje, o que veria:
a criança, o homem ou o velho?

IV

Quero saber o que é ter,
e o ter o que é que tem?
Se ter é o mesmo que haver
que haja e tenha só o bem.

V

Amores puros e obscenos,
amei tudo quanto quis,
se tivesse amado menos
teria sido feliz?

VI

Meus escondidos amores
foram sempre mais felizes,
todos olham para as flores,
mas a seiva é das raízes.

VII

Visitar Jerusalém
e não crer em nenhum Deus!
Que pena que a gente tem
da certeza dos ateus!

VIII

Havia uma criança em mim,
aqui, desde que nasci,
uma criança, havia sim,
onde foi que a perdi?

IX

Por ter suportado tudo
nada mais há que eu suporte,
nem mesmo a vida e, contudo,
só suportarei a morte.

X
QUADRA EM DECASSÍLABOS

Rasgo-te o sutiã e soltas, no ar,
as duas brancas pombas assustadas
ameaçam partir em revoadas,
que eu detenho, beijando-as devagar.

XI
QUADRA EM DOZE SÍLABAS

"O poeta é um fingidor."
(Fernando Pessoa)

Tentei fingir ser outro para ser melhor
e, com isto, enganei a mim e a tanta gente.
Se eu fosse eu mesmo – e quem sou eu? –Talvez pior:
fui insincero, mas o fui sinceramente.

Paradoxo

Que seja devagar,
mas de repente.
Devagar para não interromper
o impulso do fruto
entre a flor e a semente;
e rapidamente
naquilo em que se resume
a vida ter ido
sem perder o que teve
de perfume.
Mas não foi assim,
nem sequer o ter sido foi assim.
A criança corria alegre,
ofegante, sorrindo e leve,
quase alçava o voo do primeiro azul,
quando tropeçou nos sonhos
e caiu, acordada, para o lado de cá
da impossível e injusta cambalhota.
E chorou.

Brasília, 1989

Sonetos de rimas iguais

I

Agora o amor é tudo: é onde e é sempre
e, por ser nosso, tem mais sempre. E é lindo
porque veio de um onde, agora vindo
de tudo, de raízes e de ventre.

Entre o agora, entre um sempre e outro, ou entre
vários ondes proibidos vou sentindo
que o agora dura sempre e está sorrindo
de luz na hora do luar poente.

O tempo todo é nosso e é aqui,
no sempre de tudo, onde mereci
te amar pela coragem de dizer

que amava para o amor me alucinar
pelo sempre de tanto desejar
o agora que me fez te merecer.

II

Eu te amei sempre, aquele sempre
de um só instante, o nosso, que foi lindo.
No teu caminho de ir eu vinha vindo

de regresso da vida para o ventre
perdido há tanto tempo. Então foi entre
teus braços que encontrei a paz, sentindo
que me gestavas outra vez, sorrindo
nesta incrível manhã de um sol poente.

Partes para o futuro e eu paro. Aqui
te perco, pois não mais te mereci.
Tenho ciúme – e me dói ter que o dizer –

Ciúme, que poderá me alucinar,
não dos homens que vão te desejar,
mas daquele que irá te merecer.

São Paulo, 1985

Versos negros

Cavalgando de peito aberto ao vento
com olhos cheios de horizontes claros,
fui conquistar, na vida, o meu momento,
soma de todos os momentos raros.

Mas o perdi, depois, entre os mais caros
bens que pude perder neste cinzento
jogar-me fora sempre e, por jogá-los,
joguei-os todos e comigo dentro.

Sou o jogado fora por mim mesmo,
pedaço por pedaço espalhado a esmo
no resto dos momentos de meu fim.

Jogo-me em versos negros para a gente
amarga e só. E para que somente
os tristes possam tropeçar em mim.

São Paulo, 1985

Escrever versos, reescrever a vida

Sei bem que ainda é tempo de colher
por entre as rosas todos os pedaços
que esperdicei de mim nos longos passos
desviados do que não soube ser.

O amor perdido em ódios e cansaços,
o amigo, o gesto, o abraço da mulher,
que não notei, e a todos, se eu puder,
antes do fim recolho e, em mim, refaço-os.

De tudo quanto fui jogando fora,
restou-me a sensação de cada hora,
bastante para reviver mais forte.

E agora e ao fim da estrada percorrida,
por ter morrido tanto em minha vida
posso viver um pouco em minha morte.

São Paulo, 1980

Soneto longe

Se a dor doesse mais que a própria essência,
é possível que eu a identificasse
nessa expressão que escorre em minha face
e que dói mais que a dor: a tua ausência.

Não estou mais em mim sem a presença
de mim mesmo que, em ti, tu carregaste
e carregaste como quem cortasse
flores com suprema indiferença.

Estou doendo muito, jogo a flor
decepada e que dói mais do que a dor
da oração sem fé de um pobre monge,
um monge louco que perdeu seu Cristo.
E tudo dói; e muito mais do que isto
dói-me muito, este muito, muito longe.

São Paulo, 1991

Sonetos em advérbios

Estou absolutamente muito
embora tenha sido pouco o enquanto,
e sou um apesar de ser tão tudo
por esse meu enfim de não ser tanto.

Posto que fui de pouco um pouco entanto
e tampouco de muito no contudo
de não ser outrossim por, entretanto,
ter sido um outro não por desencanto.

Restou-me absoluta a todavia
do último porém, mas que devia
ou ser agora, ou ser de quando em vez.

Malgrado isto eu sou o ou qualquer,
quer incerteza, quer certeza, quer
não ser o meu paradoxal talvez.

São Paulo, 1991

Elegias ao meu irmão

A dor me espreita

*"Vulnerant omnes, ultima necat."**

(Inscrição latina nos relógios
das antigas igrejas e monumentos.)

Sinto-a por aí
rondando-me,
quase vi sua face
rapidamente oculta na vidraça,
ela quer me fulminar, de vidros cortantes,
a dor máxima,
adivinho, já, seus verdes olhos egípcios
de milenares punhaladas dilacerantes,
sinuosa serpente de Cleópatra.

Arrepiou-me a pele
com a falsa carícia de dedos frios
para anunciar
os sulcos sangrentos das unhas fundas,
hiena que me arrastará aos gritos
pois meus pedaços de mim
são retalhos de mim
atirados longe de mim

* Tradução: "Todas as horas ferem, a derradeira mata."

que fiquei entre distâncias ilógicas,
distâncias partidas em brumas dos perdidos
em demasiados úteros explodidos.

Ela me ronda,
seus velhos olhos verdes
de sacerdotisa das pirâmides
espiam meu extremo desassossego.
Não posso fugir ao bote.
A dor me espreita
por trás dos olhos da pantera verde,
felina, prepara o salto
que romperá meu peito.
De olhos abertos, sem gritar,
deixarei que me devore
que me devore tão completamente
que se devorará a si mesma em mim
até que não nos sintamos mais.

São Paulo, 1991

Quando a vida morre mais que a morte

Registro da morte de Luiz Carlos, meu irmão, em 25 de janeiro de 1992.

A tragédia foi simples:
você disse que eles iam suturar
o pequeno vazamento de uma veia rompida.
E que logo estaria de volta
ao quarto do hospital, onde sua imensa agonia
já decretara, não a sua, mas a minha morte,
posto que eu morria mais do que você
diante do inexplicável absurdo
de um pássaro ter o voo interrompido
em pleno azul do céu ensolarado.

Você disse apenas o que eles disseram.

Quando levaram você, sua mansa expressão,
encorajando-me por não ser nada grave,
na extrema hora da gravidade máxima,
que eu sabia última,
ouvi o desespero dos sinos que doem, doem, doem.

Talvez você também sem saber soubesse,
mas sorriu para minha desesperada tranquilidade,
a de ter certeza que você não sabia
que ia morrer.

Eles vieram e, aos poucos, foram dizendo
desconexamente coisas inúteis,
artérias empedradas,
paradas cardíacas,
fizemos o possível.
Usavam máscaras
e se esforçavam para aparentar piedade
profissionalmente exatos e frios.

Nada entendiam das nossas coisas
por somente nossas,
do tempo em que fomos crianças
abraçadas na infância
de nossos planos plenos de passarinhos
nas esperanças acreditadas e lindas,
do rápido tempo em que crescemos juntos,
do entendimento que tínhamos pelos olhos
sem conversar por preciso não ser,
do amor que pela vida afora
foi o mesmo, com a única diferença
de aumentar a cada dia,
sem qualquer necessidade de falar nisso.

Mas eles tentaram explicar-me
as causas, falaram das frustrações da medicina,
da fracassada modernidade das técnicas,
da obstruída artéria que não pôde ser ligada a outra,
inutilmente tentaram
sem que eu ouvisse,
porque você morrera comigo dentro.

E o que me importava se morríamos
em uma ou outra artéria,
se a sua agonia inconsciente,
na anestesia adormecida do final,
era o só argumento que me consolava,
posto que minha morte, eu a senti
antes que eles viessem informar a sua.

Doía no peito, engasgava na garganta,
misturava sua hemorragia
com os maremotos de meus olhos,
que não viam nada mais
além dos nossos dias juntos
e, agora, reduzidos a uma paciente saudade,
a uma silenciosa saudade antes do tempo passar.

Eles falaram, falaram, falaram em desenlace
e ainda usavam máscaras,

nada entendi por não poder mais nada
a não ser o desenredo da história do meu medo.

Era noite e por ela adentro saí
interrogando qual de nós dois morreu mais:
você que perdeu a consciência de nossa vida
ou eu que conservei lúcida a consciência
de nossa morte?

Você está absolvido
por não lembrar de mais nada.
Teve a piedosa graça da precedência,
de acordo com seu antigo desejo,
como sempre quis,
bebendo cachaça e rindo.
Mas eu estou condenado à sanção do amargo espanto
de viver sem você,
e sobreviver
mata mais do que a morte que o levou de mim.
Nisso, como em tudo, você tinha razão.

São Paulo, 1992

Anotações para o poema impossível

"Que no quiero verla!"
(Garcia Lorca)

*"Et serves animae dimidium meae."**
(Horácio, na ode "Sic te diva potens Cypri".)

I

Ele, mais moço e melhor, mais saudável e puro,
está morto.
Na morte dele, minha vida desintegrada,
nossa vida, infância, árvores e pássaros,
foi-se tudo,
irmão meu, rígido, imagino,
pois não quis vê-lo,
que não quero vê-lo,
meus olhos não resistiriam substituir, pelo inexplicável,
a alegria do homem iluminado
e puro, do largo abraço, da iluminada risada,
exposta no olhar a alma clara,
que da raiva ou ódio não conheceu jamais,
humilde e simples, monge ensolarado das praias,

* Tradução: "Salve aquele que é metade de minha alma".

semeador dos perdões e do amor,
e ateu, portanto,
desinteressadamente santo.

Na morte dele,
mordo o grito que uivo,
um dilúvio nos olhos jorra a cegueira líquida
de meu espanto, meu susto
diante do de repente sem razões,
esse universo de absurdos, cujas estrelas se apagaram
ao cairem de volta no escuro vácuo
eternamente transformado em nada.

II

Até nisto fui punido:
a maior dor, que seria o meu poema amargo e único,
proibida ficou de em poesia enterrar-se,
que ele diga os poemas que sempre dizia
menos este que jamais escreverei.

Sofro e não escrevo.
Encharco no rosto as minhas paralisadas mãos
postas na extremidade
dos inúteis braços sem abraço.

E bebo cachaça, para imitá-lo,
tentando fugir
e não fujo, tudo piora, engasgo, tropeço em sua alegria
invocada por minha tristeza
sem sucesso de vê-las misturadas
para me tranquilizarem.

Foge o verso, foge a forma,
apenas fica desesperado o tema, que teima, permanente,
doentio, deste poema impossível, sem a necessária poesia,
o poema que jamais escreverei
por não ser possível enlouquecer
e escrever ao mesmo tempo.

III

Mas tudo em volta, do nosso mundo pequeno,
as crianças, a adoração delas agora sem o santo,
os caiçaras, os pescadores, os pássaros, o sol nascente,
a morna areia da praia aconchegada no poente,
tudo acumulado pelo longo tempo,
o violão deixado no canto,
o emudecido aparelho de som
de ouvir Caymmi, Chico e Tom,
os descabelados riscos nos projetos de arquitetura,
desarrumadamente preparados para a inutilidade total.

IV

Não, que não quero escrever este poema,
Não, que não quero chorar este poema,
Não, que não suporto suportar este poema,
Não, que não devia sequer ter pensado
em anotar estas gotas de memória amarga,
mistura de sangue e lágrimas,
que à literatura nada interessa.
Somente a mim ou ao que, supostamente,
restou de mim,
escondido no destruído esfacelado
em que me disfarço para continuar.

Somente a mim interessa,
na tímida coragem de enfrentar
coisas maiores do que eu imagino,
luto no porão escuro do barco que navega em mar
ligado,
único marinheiro que não subiu ao convés
para festejar a chegada ao porto de destino.

V

Mas, por favor, farei, prometo, tal como ele, tanto
quanto,
abrirei os braços diante do mar,
invocarei, igual, o sol brilhante e quente
da minha nossa Boiçucanga,

defenderei os pássaros e os caiçaras,
enfrentarei as ondas nos dias azuis,
gritarei de alegria diante de um cão ou de um bêbado,
ajudarei a recolher os peixes das redes do cerco
ou levarei para a casa dele
o pescador, que chegou exausto,
o canoeiro, naufragado na garrafa de cachaça,
que lhe esquentou o frio da água do mar batida de
    vento,
darei o pão ou o remédio que o Estado não deu,
darei de mim o que posso, menos do que dava ele,
que sabia o milagre de multiplicar-se pelos outros,
darei, farei, tentarei,
mas me deixem em silêncio,
não tenho a sonoridade dele,
a alegria com que coloria o gesto,
a algazarra com que amava o mundo,
a musicalidade da fala pura,
a pureza da música irradiada dos olhos quando falava
    alto,
estendidos os braços para o céu
quando permitia que neles pousassem os pássaros, seus
    amigos por magia
ou o próprio universo sem mágoas
que neles se aconchegasse com estrelas nas águas
que ainda havia quando havia

Tentarei continuar, por ele,
mas minha condição é o silêncio
e não escrever o poema que lhe devo,
porque o impossível já me doeu demais.
Dói dor que corta a alegria morta, dói,
o tempo há de passar,
e um dia também a dor
terá envelhecido:
e será uma leve neblina
engasgada na garganta da manhã
de um dia que não é o seguinte,
nem ontem, mas é a tristeza imensa
da qual não se pode sair.

São Paulo, 1992

Poemas sem conexão

Podem ser condenados ou absolvidos sem o *simultaneus processus* e sem contradição nos julgamentos

Dançando tango

Ontem à noite ouvimos tango,
ontem à noite dançamos tango,
você tão menina e sabe tango,
tão menina!
Falei de Santa Fé, na Argentina,
onde nasceu Guevara,
que você não sabe quem é,
sujeito que quis salvar
a América Latina, coisa rara,
e não sabia tango, sabia sonhar,
era de Rosário, foi para Cuba.
Mas você sabe dançar tango
e nunca foi a Buenos Aires,
nem conhece a Calle Florida.
Dança tango, menina da minha vida,
dança tango, gira, vai e para,
que importa Che Guevara
e sua morte dolorosa.
Dança tango, menina,
passos largos, sensuais,
volta e gira, atira a cabeça para trás,
morde o caule da rosa.
Che foi um pobre rapaz

que morreu na Bolívia.
Não sabia dançar tango
e você sabe, menina.
Guevara morreu por mágica de Fidel,
ditador cubano, mago mau, cara de pau.
Dança tango, menina.
Quem foi Carlos Gardel?
Também morreu, faz tempo,
mas era francês e sensacional.
Contarei as histórias de todos,
no mesmo tom,
de Luiz Borges, o mago bom,
de Martin Fierro e Afonsina,
mas uma de cada vez,
se você continuar dançando tango,
dançando tango, menina.
como ontem à noite você fez
com sua beleza
para iluminar-me nesses dez anos
de tristeza.

São Paulo, 1977

Os ventos erraram horizontes

Não tenho queixas, nem lamúrias,
nada de cantigas tristes, nem lamentos.
A vida me foi justa. Deu-me e tirou
quanto tinha que dar e tirar,
tive o bem que mereci,
sofri o evitável mal que eu quis.
Não aprendi, porém, a suportar
algumas sensações estranhas
pelo inesperado de não serem
as que me fizeram feliz.
Não suporto, por exemplo.
o entardecer sem o canto da juriti,
nem o aroma de fruto
que não venha de um pomar.
É repugnante o sorriso
que não seja sincero.
E a vivência faz saber
a falsidade, ainda que sutil.
Não me seduz mais a oferta de amor
salvo da mulher que amo.
Não me emociona o poente
nos perfis de apartamentos.

Não gosto de pássaros
que voam entre postes.

Odeio a indiferença
diante das mortes nas ruas.
Não sei perdoar meninos
que assaltam e matam sem remorso,
nem entendê-los, embora
pudesse com um pouco de esforço.
Mas não me esforço
para absorver os tempos
que sobrevieram ao meu.
Tenho desprezo pela vulgaridade.
Tornei-me incapaz de tolerar
os menos afortunados de inteligência.
Afastei-me de convívios inúteis.
Perdi a generosidade dos gestos
para as pessoas inofensivas
e professo a pena de morte
para os violentos homicidas.
Sinto que se esvaiu
meu gosto de perdoar,
consciente de que seria
feliz se perdoasse,
mas, intransigente,
não ofereço mais
a outra face.

O ódio e o medo alteraram
a concepção de humanidade.
As pessoas se olham e se temem,
passam umas pelas outras
em sobressalto.
O próximo não é para ser amado
e, sim, uma estatística
para morrer em assalto.

Entendo não haver beleza
em rios poluídos de águas mortas.
Contemplo o amanhecer
com desprezo pelo ar sujo
de óleo *diesel* dos escapamentos.
Sinto asco pelos amiantos,
pelos pulmões doentes,
câncer, tumores, asbestoses.

Detesto as praias estrabadas,
perdidas em marés malucas
do belo mar selvagem,
na arrebentação que balança
latas vazias de cerveja.
Tenho medo que o mar
Se afogue em petróleo
ou seja plastificado.
E que os séculos deixem de passar.

Estou um pouco estático.
Viajo pelo computador
e não pelas estradas.
Prefiro filmes, televisões,
mais que as paisagens,
embora deteste o som digital
e ainda ame os violões.

Mas continuo a ter esperanças,
concebo-as ligeiramente
levemente igual aos sonhos
que sonho com a memória.
Esperanças, a vida não me tirou,
mas serão reais?
Não sei, porque não existem mais
os portos de atracação.
Os tempos estão à deriva,
e os ventos erraram os horizontes.
Há uma insistente frustração
nas belezas estragadas
e uma vontade inexplicada
de dar um salto para o nada ou para o fim.
Não tenho qualquer necessidade de estar aqui.
O eu estar aqui é que precisa de mim.

Boiçucanga, 2002

Esqueça

Esqueça de quando amei você,
prometo que esquecerei também.
Esqueça do cigarro que lhe ofereci,
e você recusou para fumar o meu,
e do uísque que servi
e, me olhando, você bebeu
bem devagar.
Alisei seu cabelo solto no ar,
peguei seu copo e fiz tilintar
o gelo no cristal,
tomei o gole do segredo.
Você sorriu e me fez tremer.
E um cristal se partiu,
não o do copo, mas outro
que trincou a minha vida.

É preciso esquecer, querida.
Esqueça do carinho que fiz
em sua cabeça
repousada em meu peito.
Esqueça, não tem mais jeito.
Esqueça da música que ouvimos,
da paixão que nos enlouqueceu

quando toquei você
e você me tocou.
Esqueça do que fizemos
quando a luz apagou.
Esqueça do suor da pele,
dos meus olhos pescados pelos seus.
Esqueça, por favor,
eu esquecerei também.
Devolva minhas roupas,
devolva meus beijos, meu olhar,
devolva meu jeito de gostar,
preciso me vestir, me recompor,
sair, ir embora, pegar o elevador,
correndo sem me despedir.
Faça de conta que eu nunca estive aqui.
E façamos, por tudo que hoje amamos,
dois juramentos extremos:
o de esquecer para sempre
e nunca lembrar que esquecemos.

São Paulo, 1984

Minha Oração

Então veio a paz e disse:
— Eunice.
Veio a alegria e sorria quando disse:
— Eunice.
Veio a calma e do fundo da alma disse:
— Eunice.
A felicidade disse com suavidade:
— Eunice.
Veio o desejo e antes do beijo ele disse:
— Eunice.
Com voz de seda, a certeza disse:
— Eunice.
O amor já sabia de cor e disse:
— Eunice.
Em seguida, veio a vida e disse:
— Eunice.
Por fim, eu vim também,
mas apenas disse:
— Amém.

Serra Negra, 2006

Prece de poeta

De seus gestos escorriam
neblinas que sussuravam
ânsias de riachos vindos
de angústias inexplicadas.
Braços abertos, no chão
a sombra de suas mãos
era névoa esparramada
pela calma de sonhar.

De repente um voo aquece
o silêncio das angústias.
Ele sopra suas mãos
postas em forma de conchas,
e sua alma se despreende
do sonho e se vai, riscando
de azul a calma da névoa,
e suas mãos jogam sementes
grávidas de flor.

Era um poeta rezando.

Tercetos

Minha mãe ensinou-me a replantar
as flores que caíam nos macios
silêncios do caminho para o mar.

Ensinou-me a supor menos sombrio
o mundo à imagem do homem. E a encontrar
no homem a criança sem desvio.

Ensinou-me a colher e a semear
todo o bem que supôs, ao ter um filho,
haver no mundo que ela quis me dar.

Meu mundo é, pois, suposto. E o sombrio
mundo real, que o homem quer matar,
liga-se ao meu apenas por um fio.

Pois minha mãe me fez amar, e amar
à maneira das rosas e dos rios,
e dos rastros azuis deixados no ar.

Mas houve muitas trevas e desvios
nos meus olhos espantados de enxergar
pássaros que voaram arredios.

Momentos que passaram e, ao passar,
perderam-me, ou talvez – eu sei –, perdi-os
eu, por não impedi-los de voar.

Mas voam, voltam, seguem meu navio,
gaivotas que navegam devagar
entre os mundos que a vida repartiu.

Tenho de pássaro o recurso esguio
que minha mãe me deu ao me ensinar
o ritmo dos voos no estio.

Não há o mundo que ela quis me dar,
mas posso viver nele, enquanto rio
deste outro que descubro em seu lugar.

Rosas, rios, navios, eu os enfio
nos meus fios de nervos, meu colar
de búzios, de saudades, de arrepios.

Deixo as ideias mortas sob o luar,
as que nasceram hoje em pleno frio
pela impotência de ressuscitar.

Mas já não penso, tudo é desvario!
E minha mãe não quer mais enxergar
o mundo que seu filho preferiu,

pois descobriu que deu, ao me criar,
ânsias de pássaro a um simples rio
que nunca chega ao céu por se arrastar.

Pode o peixe ser pássaro? Quem viu
de onde nasceu o voo? E onde vai dar
a esperança que a vida proibiu?

E minha mãe, porém, sabe ninar
até a frustração do velho filho
e, mágica, fez o tempo voltar.

Ao seu regaço a criança, sem destino,
volta só para ouvir ela falar:
"Vem dormir no meu colo meu menino".

Santos, 1959

Eunice

Para além das nuvens,
eu te amarei.
Para além de tudo,
eu te amarei.
Mesmo para além do nada
eu te amarei.
Não sei se a vida cessa
e outra forma começa
nem sei que forma é essa,
mas eu te amarei.
Tenho certeza
que a morte,
uma sorte de fim
não será um corte
entre tu e mim,
porque mais forte
é nosso amor
seja aqui, seja onde for,
tu serás e eu serei.
Em todos os momentos,
para lá dos tempos,
e eu te amarei.

Ribeirão Preto, 2004

Luar de Verão

A lua é linda nesta clara noite calma.
Sinto que a infância de regresso alcança a alma
quase dormida no silêncio do luar.
A lua é linda nesta calma noite clara,
no líquido cristal do azul noturno, a rara
carícia que a mulher amada vem me dar.

E nesta clara noite calma a lua é linda,
o longo beijo ainda dura, quente ainda,
da mulher que amo, iluminadamente nua.
Mordendo lábios, gritos, nossos corpos suados
brilham umedecidos, juntos, abraçados
e refletem estrelas caídas da lua.

Nem sei se acordo, se descrevo, ou sinto, ou calo.
Na móvel sombra da mangueira antiga, o estalo
de outro beijo que as flores perfumaram mais.
Tudo é nítido nesta noite de luar:
o perfil dos coqueiros que dançam no ar
e o balanço de espadas pelos bambuais.

Há uma teia de aranha nas folhas sem vento,
um desejo de frutos nas flores, por dentro,

no leve ruído de sementes que germinam.
Sinto o sonho dos voos, recolhidas asas,
os olhos dos curiangos nas acesas brasas
gotejam de vermelho o longe dos caminhos.

E nesta noite assisto à fuga dos cansaços,
A mulher que amo dorme e sonha nos meus braços.
E a lua é linda, e cheia, e clara, e branca, e calma.
Deixo que ela me leve no rio do luar,
que me navegue manso e leve, devagar,
ungido de emoção para tocar-me a alma.

Serra Negra, 1992

Mil palavras para quinhentos anos

Aqui estou de volta ao mar, de onde há séculos parti
sertões acima, depois de guardar os panos de ar
das caravelas cansadas sob a sombra das gaivotas
leves que pousaram nelas, brancas ilhotas a velas.

O mesmo impulso do vento que me trouxe aqui, levou-me
terra adentro, o pulso preso à azagaia nova e tinta
de madeira-sangue, o meu, com que reguei
a cova do primeiro grão
das colheitas que plantei.
Caravelas dos meus sonhos
que não parei de sonhar.
Sou a mistura dos mundos,
marinheiro do sertão
e sertanejo do mar.

E cheguei de volta à praia
de onde parti sem ser herói
por sobre os rastros dos que vieram antes
e foram bravos ganhadores de fortunas,
senhores dos engenhos, dos escravos,

dos tesouros que não fizeram falta:
morreram loucos e, sem ouro ou esmeraldas,
não puderam comprar de volta suas almas.

Morreram engenhos, escravos, cafezais;
os pobres morreram mais, por menor direito à vida;
e iguais todos morreram nos campos e nas indústrias;
colheitas não divididas, paisagens sonegadas,
e não valeram astúcias e políticas, pois a fome
deu o nome de injustiça geral à missa dos vivos,
nem cativos, nem senhores, nem bem, nem mal;
a azagaia virou bomba, a bomba virou lei,
a lei se escondeu na sombra, no poder e na tocaia.
E as caravelas, sem vozes, velam no velório
do vale das lágrimas velozes, algozes dos milagres; mas
esperanças ascendem em luzes que acendem
nos que delas descendem.

Ainda existe uma triste neblina entre aqui e Algarves,
ou África, e acabaram...
... também eles acabaram. Por isso chego à praia e
fico aqui: as velhas velas são as desdobradas redes.
Aqui, o porto é seguro, e cessa o retorno
por arrependido; e o vento, morno e leve, não me
leva mais, nem terra adentro, nem mar afora, e
tristemente repete a história da gente que não foi
e foi embora,

que foi e não foi embora, que uma hora foi, não foi,
e a rede balança a vela, e o mar soluça, e a praia
chora.

Mas do sul, além do vento, veio a força, terra e pampa;
por fronteiriço que é, mais brasileiro ficou.
E as barrigas verdes, ventres, verdes olhos, claras peles,
rios ligados, canoas entradas em canais dos paranás,
enxada, trator, café, araucárias de juritis pousadas,
revoadas do suor vermelho e preto das terras roxas,
revolução pela lei, baionetas que cravei
na carne de meu irmão, delírios de liberdade.

E foram, fomos indo oeste adentro,
pondo fogo nas águas, semente nos rastros,
berrantes nos ecos, nas almas largadas, coragem nos
eitos,
cruz nas encruzilhadas, plantadas saudades,
misturada gente, de pés descalços, milagre e gesto,
tangidas boiadas, enfrentadas florestas, picadas abertas,
as rasgadas estradas, revoadas de garças, as flores e
frutos,
o colosso e o susto de um país enorme.
E nasceu no berço esplêndido, sem brado e
retumbâncias,
o povo que o manteve grande,

por ser de igual tamanho,
jamais sonhado pela caravela
no balanço salgado do mar.

Nas entradas das matas e sertões fugidos,
nos ensolarados agrestes secos da enrugada terra
ou nas aguadas amazônicas das febres e seringueiras,
vara e punho, balacubau, tibum!
Quilombos, catimbós, torés,
caras pintadas de urucum, depois
verde e amarelo, azul, estrelas, cruz,
cantorias nos palmares.
O fado nasceu aqui,
por misturar as saudades
das Áfricas, dos Algarves,
de gentes com muitas léguas
ou milhas, entre aqui e o não sei onde,
de todos seus perdidos lugares.

Autores de mundos novos,
mais audazes que os descobridores,
porque, além do mar e praias virgens,
dominamos fronteiras, sucuris, tempestades,
ventania, serrados, serras e distâncias,
de pé no chão e olhos nas estrelas,
coração disparado, potro solto

nas pastarias de lendas e de léguas,
peixeiras e bordunas, e coragens nuas,
e laçamos o sol, alucinamos luas,
fugidos de feitores ou por sonho próprio
terra adentro, terra a dentro.

Muito mais que descobrir,
fizemos um novo mundo, que está aí,
nos livros, que não sabíamos ler,
nem com letras escrever histórias,
mas com suor, enxadas, mulheres lindas,
trabuco, rédea, berrantes e violas abraçadas,
noites vigiadas nos paióis, carne de sol,
calos nas mãos, as costas torturadas de sóis,
e o futuro escondido no embornal.

Agora é ver. Berimbau, capoeira, acarajé.
Dominados arrecifes, desenhadas dunas,
sargaços retirantes, águas de balanço.
Abertos braços do Cristo que redime,
as gerais chicoteadas, ouro em febre,
a ferro e fogo no temperado aço.
Pai, Filho, Espírito Santo, brava reza, encanto,
enquanto o encanto do encanto
é canto num canto das minas
para os heróis despedaçados.

Agora é ver. Jangada e vela.
E a ave que aqui gorjeia,
o irapuru, o rio, a pororoca,
usinas e cidades, fomes e misérias,
samba, alegrias, futebol e frevo.
A nova liça desta gente feita,
que ainda canta, inventa verso no repente,
poesia feita agora, gosto de pão quente
saído do forno na hora, valentias e cordéis,
cangaceiros e coronéis, santos e virgulinos,
zumbis, pajés, caciques e meninos,
conquistadores desembarcados do ar,
marinheiros do sertão
e sertanejos do mar.

E vai conseguir, essa gente vai,
com o seguir do tempo, o rumo é o mesmo,
o de terra adentro, o de povo adentro,
o de coração adentro
pelo tempo afora
que chegou montado no mar,
galopando nas ondas,
remando enxadas
sertão adentro,
onde as Iaras rezam pelas águas
que não podem morrer.

Glória da gente que vai conseguir,
que não foi e foi embora,
que foi e não foi embora, que uma hora foi, não foi,
foi para abrir mundos novos, heróis meninos,
ficou para defender os conquistados,
cumpridos os destinos,
os primeiros, mas outros estão encantados
à espera de novas e muitas coragens
para o credo igual, pois creio
na floração das justiças,
nas repartidas colheitas,
nas divididas paisagens
e na ressurreição de rios mortos.

A rede balança a vela, e o mar soluça, e a praia chora.
E o porto é seguro, a amarra é o futuro.
Essa gente vai conseguir,
com o seguir do tempo,
o tempo afora, que veio do mar
pela terra adentro.

(Este poema tem exatamente mil palavras.)

Anotações

Entre a juventude e a maturidade
o que mais acalma a sofriguidão antiga,
substituída agora pela sábia paciência,
é mais do que a velhice: é o desconhecido.

Atravessar idades
navegadores que navegam milhas
protegidos por deuses em que não acreditam,
mas invocam nas tempestades
e nas calmarias esquecem.

A memória tem pálpebras cansadas
que se fecham devagar
por perder o sentido nas névoas
embaçadas pelas cataratas do olhar.

Nada mais triste de que um chão sem significado
ou árido, ou sem semente, nem história.
Quando vem das trevas, o vento é forte,
ventania e tempestades,
tormentas que atormentam,
mas amainam.
Sempre se pode dormir depois que o vento amaina.

Depois resta a sensação
de que algo foi levado embora
não se sabe se pelos deuses
ou pelo vento,
nem se sabe bem o quê.

Recado ao caseiro

"'Recado ao Caseiro' é um dos melhores poemas escritos em língua portuguesa nos últimos tempos."
(José Sarney, da Academia Brasileira de Letras e ex-presidente da República.)

"Caro Dr. Saulo:
Seu poema 'Recado ao Caseiro' é uma obra-prima.
Sem tirar nem pôr."
(Carlos Ayres Britto,
Ministro do Supremo Tribunal Federal.)

"O que pensamos, seja amor ou deuses,
passa porque passamos.
.....
Que serão os meus sonhos
mais que a obra dos deuses?"
(Ricardo Reis)

"Rien n'est vrai,
rien n'est faux;
*tout est songe."**
(Lamartine)

"E posso estar na realidade
onde está o que sonho."
(Alberto Caeiro)

* Tradução: "Nada é verdadeiro, nada é falso; tudo é sonho."

Se me chamarem
não me chame,
diga que não estou,
pois não estou para ninguém
nem mesmo para mim mesmo.

Quero dormir. Não me acorde.
Se eu mesmo me chamar,
diga que eu não sou mais
e que, portanto, não estou,
que não posso atender
porque não posso entender.

Se a mulher que eu amo
me chamar
– e você não sabe qual é a mulher que amo –
diga que não pode me chamar
porque você não sabe se eu a amo;
e que você enlouquece diante do telefone
por não saber o que fazer,
mas resista, ainda que ela insista, resista,
não me chame.

Estou dormindo
e mereço estar dormindo
e posso estar sonhando,
pode ser que eu esteja

com doze anos
nas pastarias rosas
do florido capim-gordura
correndo sobre os assustados
voos das codornas surpreendidas;
não me chame, não espante as codornas
que somente eu quero espantar
na revoada do meu retorno em paz.

Não me chame.
Se o telefone tocar, atenda
e tome o recado.
Diga que não estou,
isto é, diga que estou, mas sem realmente estar,
não diga que estou dormindo,
pois se estiver sonhando não estarei dormindo
porque sonhar é estar vivendo os arrependidos
ou desejados tempos,
e é isto que você vai interromper se me chamar.

Diga que estou morto
e, para que não se assustem,
diga que estou morto até o meio-dia,
quando, talvez e arrependido,
ressuscitarei,
mas até lá mereço o respeito da velação comovida.

Talvez eu esteja sonhando
e podendo, ainda uma impossível vez,
olhar as meninas nuas
na cachoeira dos rios;
por onde as estrelas
ainda correm
e caem iluminadamente,
liquidamente absurdas
sobre os véus translúcidos
das minhas noivas de verão,
as que se me deram de amor ingênuo
sobre o verde das margens úmidas
da nossa miséria ao lado do rio
que ainda não passou;
da nossa miséria,
que só agora vejo enorme,
mas que nada era à beira do rio
iluminada pelos respingos da cachoeira barulhenta
da alegre infância de estelares gritarias.

Não, não me chame,
o amanhã foi um dia de demasiadas cargas,
que não suportei;
deixe que eu durma,
ontem estarei mais suave
pois estou de regresso
do que não pude entender,

por isto não posso atender
nada e ninguém que me chame para hoje,
nada e ninguém que me faça retornar
ao ponto de onde parti para trás,
nada e ninguém que me faça
recomeçar para a frente,
pois odeio o futuro, que já sei esclerótico,
enfartado, ranzinza, dolorido, inútil, imbecil:
não me acorde para senilidade!

Se me chamar, eu despeço você,
tal como me despedi
sem direito a nada,
isto é, por justa causa,
pois é justa a causa de não ser chamado
para o indigesto futuro que terei.

Diga sempre que não estou,
quando durmo realmente não estou
e isto é o melhor de mim.
Não me chame,
deixe-me ser o que não estou.
Talvez eu esteja com a cigana
que leu minha sorte de tantos azares
prevendo minha imensa felicidade.
Não me chame,
pode ser que agora, quando durmo e a reencontro,

ela acerte finalmente
e altere todo o futuro que estraguei.

Não, não me chame;
você já leu nos jornais,
alguém já disse,
está nos livros,
nas frases dos psiquiatras,
que o sono é fuga,
mas ninguém definiu para onde;
e o meu sono tem o meu onde
que você não pode desmanchar pela pancada
eletrônica do telefone interno.
Vá para o inferno, mas não me chame.

Talvez eu esteja
me banhando no branco silêncio da lua
curando agora as feridas que irei ter,
talvez o tempo ainda não tenha ido,
e eu tenha tempo de não me ir
por onde fui.

Não me chame, não me interrompa agora,
talvez terei tempo de amar
as pessoas que desprezei,
ou de crer nas minhas dúvidas antigas,
ou de duvidar das minhas atuais certezas.

Não importa que esteja sonhando
desde que o sonho me devolva
a impossível credulidade
de começar diferentemente e de novo
para acordar daquilo que me dormiu hoje
irremediavelmente vencido.

Não, não me chame,
talvez eu tenha retornado
às madrugadas azuis
de meus cafezais de Cravinhos,
ou às brancas areias
e aos abacaxizais de Brodowski,
ou às praias cinzas de Santos;
ao bonde da Ana Costa.
Talvez eu tenha voltado
a conversar com Guilherme de Almeida
no Nik Bar
ou na mansarda da Rua Macapá;
talvez eu esteja de novo
discutindo abstracionismo com Patrícia Galvão,
a Pagu do Oswald e da literatura,
mas a minha Pat
e a do Geraldo Ferraz.

Talvez, poeta municipal, eu esteja escrevendo
uma reportagem para A Tribuna de Santos

provincianamente melhor que Drummond,
poeta federal.
Talvez esteja recuperando
minhas perdidas mulheres
e encontrando outras
que envelhecerão comigo
sem me assassinar quando acordo.

Talvez tenha eu outra chance
de viver diferentemente para morrer menos
sem ter que desertar de meu fantasma
exilado fora do sonho,
mas que, agora, me é bom
porque me tornou provisório o definitivo
e que promete resolver o insolúvel problema
de tudo se ir com o tempo,
de tudo se ir com o tempo.

Não, não me chame,
pode ser que eu esteja sonhando
e, porque tudo me é real quando sonho,
talvez tenha segurado o tempo
pelos cabelos das horas
e não caia a areia entre meus dedos amputados,
possivelmente tenha dominado o quartzo
e conseguido o replay de meu teipe
sem interferências da esclerose capilar

da cabeça suja,
porque estou sonhando,
e meu vídeo é nítido no écran azul
do universo meu, o pequeno meu universo meu.

Não, não me chame,
pois estou de retorno a algum instante
e durarei, neste instante, mais do que ele
porque posso adiar o passado
e, sonhando, refazer o futuro
a que cheguei inadiavelmente.

Não, não me chame,
talvez, precisamente no agora deste talvez,
eu possa ser o jangadeiro cearense que tanto invejei;
o ensolarado pescador baiano
dos mares de Caymmi,
o peão gaúcho que dominou os bois
que me escaparam;
o enxadeiro da roça seca
de que fugi acovardado;
a mulher grávida de fome e feia
que merecia um beijo na ressecada boca
antes que me fosse,
talvez agora eu possa ficar
a beijá-la sem amor,
mas sem remorsos.

Talvez eu esteja com o Euríclides Formiga
nascido José Ferreira,
improvisando versos,
ou tenha voltado ao Nordeste
nas cordas da viola do cego Aderaldo
e de Severino Pinto, todo embolado em sextilhas,
ou esteja cachaçando num pé de parede
com Otacílio e Oliveira, Paraíba, sim senhor,
na praia do poço tapado de sol
cantando galope na beira do mar.

Não, não me chame,
estou neste outrora do meu antiquíssimo agora,
que mistura as longínquas faces,
as amadas faces perdidas nas incríveis névoas,
onde reencontro minhas exiladas lembranças
refugiadas nas memórias das brumas;
e, ali, meu rosto está batido de chuva,
porque choro as lágrimas das brumas;
minhas mãos tateiam os escuros regressos,
porque retorno pelas estradas das brumas
e reconheço os antigos domingos cinzentos
no desencontro desconcertante das brumas,
tudo porque estou arrastando para outro destino
a gasta bagagem que se aderiu ao tempo,

agora contido e retornado nas brumas,
no indefinido, inadivinhável, imprevisível
futuro das brumas.

Não, não me chame. Não, não me chame,
mesmo se estiver dormindo e chorando
não me tire da alegria de poder chorar
com as lágrimas das brumas,
pois pode ser, pode ser,
que existam pássaros cinzas entre névoas
e sejam as pessoas que tanto amei,
diferentes apenas porque há nuvens baixas
na cerração espessa da saudade, que é neblina,
a silenciosa neblina do parado tempo
em minhas mãos abertas
para os voos de retorno.

Não me chame, não me chame
tenho sonhos pescando figuras
mergulhadas em montanhas,
não me faça maçaroca da linha de pescar,
pois quero pecar na linha das palavras jogadas
pelo prazer de misturar cachaça com relâmpagos
e morrer iluminadamente bêbado nas trevas.

É possível que eu esteja tentando decifrar
a rápida matemática do beija-flor

e perguntando por que a noite
apaga o colorido de seu voo.
É possível que eu esteja descobrindo
quantos anos cabem numa hora,
quantos séculos tem uma semana,
quantos milênios tem o inverno.

Não, não me chame,
pode ser que eu esteja colecionando forças
para separar o amor das paixões
e poder apaixonar-me sem amar,
pois há mais serenidades no sexo
do que na alma;
e o amor envelhece, esclerosa, adoece,
as paixões são sempre jovens e morrem de repente.

As coisas com que sonho
vivem porque eu as sonho,
e se você me chamar
poderá matá-las todas
e, talvez, elas sejam, enquanto são,
o mundo real de outro mundo, que depende de mim.

É possível que eu seja
uma fonte de verdade e existência
enquanto sonho
e isto tudo seja a vida de outras vidas,

pois deve existir um universo
no processo de criar pelo sonho:
e acordar será um assassinato.

Não, não me chame,
tantas vidas dependem de mim quando sonho,
inclusive a vida de meus mortos,
que talvez tenham morrido
porque alguém parou de sonhá-los antes de mim.

Não, não me chame,
não interrompa o caminho
de volta ao passado das brumas,
talvez não tenha eu outra noite
para ingressar nas madrugadas das neblinas.

Não, não me chame,
estou por entre as brumas
desmanchado nelas,
tão levemente leve
que possível seja que elas me levem
pela fumaça que esvoaça
na baça vidraça da garrafa
de cachaça que estraçalhae estilhaça a crassa desgraça
que passa nas minhas cortadas e sangrentas mãos.

Não, não me chame,
pode ser que eu não acorde
ou não responda
por já ter morrido nas brumas
e porque, talvez, o tempo não se tenha ido,
e eu tenha tempo de não me ir
por onde fui antes das brumas.

São Paulo, 1985

Elegias

Elegia a Garcia Lorca

"O crime foi em Granada."
(Pablo Neruda)

Este crime, este silêncio.
Esta lua, este silêncio.
Este sangue, este silêncio.
Este muro, este silêncio.
Este morto, este poeta.
Este poeta! Este menino.
Este meu mínimo grito
para esta morte tão grande!

Muro de cal preparado
às cinco horas da manhã.
A lua na alça de mira
às cinco horas da manhã.
A Espanha inteira é de sangue
às cinco horas da manhã.
Que terríveis cinco horas da manhã!
As cinco horas em todas as manhãs.
As cinco horas em sangue da manhã.

Não há mais neve, nem nardo,
nem este branco, infinito,

desesperado futuro
dos que ainda morrem jovens.
Que ferida imensa e muda
foi aberta nos seus sonhos!
Que morte furiosa e negra
foi jogada nos seus ombros!
Que naufrágio de profundezas abismais
e bruto tragou seu peito!
Que madrugada gelada
levou sua fantasia!

E agora? Onde está a lua?
Por que picos de montanhas,
carabineiros do céu,
andará a alma da lua?
E agora? Onde irão nascer
ramas verdes e açucenas?

Para quem dançará o mar?
E para que olhos as moças
irão banhar-se nos rios?
Para quem os camponeses
hão de conservar canções?
De que sangue serão feitos
os frutos, o amor, a terra?
Para que virá o sol,
macho das flores abertas,

se não haverá noivados,
nem lágrimas maduras,
nem unção nas oliveiras?

E para que as pastarias,
sem corridas de potros
nestas manhãs de maçãs
se a Espanha morreu inteira?

A Espanha com seu poeta,
com seus meninos sem mestre,
com seus campos sem carne,
suas rosas sem princípio,
seus bordados sem paredes,
seus pátios sem alegria,
seus caminhos sem gitanos,
suas tavernas sem vinho,
suas danças sem violões.
As filigranas noturnas
sem cabeças de mulheres!

Ah! Espanha de rendilhas
com noite pelas espinhas!
Doem, doem, doem sinos!

A Espanha morreu inteira!
A Espanha com seu poeta,

com todos os seus rodeios,
suas bandeirilhas rápidas,
suas arenas de lua,
seus toureiros de corais,
suas varandas de virgens
e suas fitas vermelhas!

Não há mais sóis nos telhados,
nem há flores nos cabelos,
garganta nas castanholas,
nem valentia nas praças,
nem tinido nas esporas,
nem cães ladrando nos rios,
nem touros, nem multidões,
nem violinos voando,
não há laranjas nas tardes,
nem rosais, nem oliveiras,
não há raízes nos ventres,
nem amor nas horas jovens,
não há chuva na paisagem,
nem esperança nas messes,
não há Deus nas orações,
não há frutos, não há beijos,
nem crianças, nem amantes,
não há raízes nos ventres,
não há raízes nos ventres,
não há nada mais que treva

nessa lua negra e negra
sem remédio e sem perdão.

É possível que a manhã
(Amanhecerá?) se deite
de rosto colado ao chão
e chore um pranto de névoa,
um pranto que dure séculos
nas guitarras e nos galos,
e devolva a esta terra
a morta fecundidade.

Mas é preciso que a névoa
– líquida pedra de dor –
dobre-se como um joelho,
curve-se como uma fronte,
sofra como um camponês
e gema como num parto
para que todas as forças
das águas e das raízes,
dos martírios e dos sangues
das sementes e da raça,
provoquem a ebulição
de um outro milagre igual.

Mas é preciso que todos
se arrependam como a névoa

e que sejam condenados
ao seu pálido silêncio.
Mas é preciso que todos
se retorçam como os rios
até que desapareçam
o último sangue e o muro!
Não se matam impunemente
tantos séculos de sóis.

Pode ser então, que as pedras
– silos de flores futuras –
permitam novas searas
de pássaros e de rosas.

Elegia a Che Guevara

(Poema emprestado de Lorca.)

O crime foi na Bolívia: no grande vale
onde o sonho de liberdade, por um instante,
caminhou no bíblico dorso de mulas
para a morte de todas as mortes,
a morte eterna dos mártires líricos.

Olhos grandes e negros, imensos e longos,
olhos de ver futuros, místicos e mouros,
idênticos às tardes de domingo
quando as crianças olham horizontes.

Agora, já não é possível descanso.
Vai, morte dolorida, massa disforme de sonho
        ensanguentado,
seguir sua transformação em lenda,
andar de boca em boca
no fascínio das histórias contadas,
em noites de muitos frios,
pelos boiadeiros acocorados nos pampas.

Vai e segue na "pelea" das superstições
do mineiro boliviano gemendo tua memória nas
montanhas;
vai assombrar as minas de cobre do Chile,
no sussurro de lábio em lábio
por onde deslizará teu nome.

Vai e entra nas caatingas de Lampião
e mistura-te com ele
para o arrepio da invocação
dos mais miseráveis
a quem tua morte homenageia;
vai e grimpa os Andes
nas mulas peruanas,
nas mulas militares,
nas guerrilhas enluaradas de só poesia
um pouco antes da morte plena.

Vai, poeta e puro,
sacerdote do nada,
visionário do povo,
mineiro de justiça,
garimpeiro de rouxinóis.
Vai transformar-te
no desesperado grito
que a Cordilheira dos Andes
gemerá por séculos,

agora que tem, afinal, seu mártir,
e a brisa soluça mais nas araucárias.
Vai, Bolívar dos miseráveis,
disparar tua sombra no galope dos cavalos bravios,
que esmagam serpentes, dominam os rios,
misturam fronteiras com a doçura das névoas
        indefinidas.

Vai e fica
nos braços do mistério
para que ninguém se lembre
da tua hemorragia sem socorro
diante de olhos sorridentes
de tenentes-coronéis;
nem da morte maltrapilha
que te escorreu do corpo
e tombou-te aos pés
descalços e feridos;
para que não se diga aos meninos
que a morte dos heróis
é pavorosa e degradada na dor.

Vai e fica na memória das Américas
transmudado na enorme sombra do Caribe,
para que Garcia Lorca, o poeta
desta tua guerra de crianças,
venha a dizer de novo:

yo quiero que me enseñen
donde está la salida
para este capitán
atado por la muerte.

Porque estás morto para sempre,
Inácio que caminhas com tua morte às costas,
e pela tristeza que sofreu tua valente alegria,
e porque também tardará muito tempo a morrer,
se é que morre,
um latino tão claro e rico de aventuras;
e porque tu também te perderás
na noite sem canto dos peixes,
será preciso que se desperte Garcia Lorca
para o "llanto" maior de seu poema.

Frederico morreu cedo demais!
Seu poema de maior poesia
estava na Bolívia
a las cinco de la tarde,
a las cinco en punto de la tarde.

Seu poema de maior poesia,
o dos tenentes-coronéis de *la guardia* civil
que matam crianças caídas
e traídas pela delação do imperador de uma ilha.
Não, não há defesa para quem sonha

e brinca de estar dentro do sonho;
ainda que seja apenas para supor
que possa salvar as humanidades
que Cristo não salvou com todo o seu amor.

Rio de Janeiro, 1967

Nota: Ernesto Guevara, quando concebeu a guerrilha na Bolívia, preparou tudo em Cuba, inclusive o treinamento de guerrilheiros, que o acompanharam, dentre eles Juan Pablo Chang Navarro e Julio Dagmino Pacheco. Fidel Castro conhecia os planos em todos os pormenores, inclusive locais e alternativas de deslocações. Na Bolívia, era Ministro de Estado Antonio Arguedas, temível e violento perseguidor de terroristas, que coordenou as operações de caça a Che Guevara, com a assessoria da CIA, por ele especialmente convocada. Guevara, assassinado a 9 de outubro de 1967, com um tiro no peito, quando estava amarrado a uma cadeira, teve as mãos cirurgicamente extraídas e guardadas em formol. Arguedas ficou com elas. No ano seguinte, Arguedas abandonou a Bolívia e fugiu para Cuba. Ficou-se sabendo, então, que era o principal agente de Fidel Castro na Bolívia. Levou as mãos de Che, dizendo que as entregaria à viúva. Mas o gesto macabro, na verdade, era a prova para receber o contratado pagamento. Fidel estava livre do único homem que poderia atrapalhar seus planos de permanecer no poder indefinidamente.

Confiram-se os jornais de Lisboa, julho de 1968, e o do Estado de São Paulo, 28 de novembro de 1995.

Na Bolívia, lutou ao lado de Guevara o francês Régis Debray, preso e depois libertado. Debray, no início de 1996, lançou em Paris um livro criticando Fidel e suscitando dúvidas sobre como o esconderijo de Guevara foi encontrado pelos militares bolivianos. O nome do livro é: Loués Soient Nos Seigneurs. Em setembro, quatro meses depois, a presumida filha de Guevara, Aleida, deu uma entrevista ao Clarín, de Buenos Aires, acusando Debray de haver falado demais e dado informações aos militares para a localização de seu pai.

Folha, 3 de setembro de 1996, p. 10 (Mundo). Debray, em carta a *Le Monde*, além de negar o fato, fez revelação curiosa: a versão foi encomendada por Cuba, posto que Fidel mantém fortes ligações com a órfã de Guevara, la pobrecita.

O GENERAL francês Paul Aussaresses, 89 anos, é a memória viva dos atropelos aos direitos humanos praticados durante a ditadura brasileira (1964-1985). Ex-agente do serviço secreto da França, veterano das guerras do Vietnã e da Argélia, Aussaresses colaborou com o regime militar no Brasil, ensinando aos oficiais técnicas de tortura e também de combate à guerrilha. Concedeu uma entrevista à *Folha de S.Paulo* sobre sua vida de espião dos altos escalões do governo francês. Entre outras revelações vejam este trecho:

FOLHA – Parece que foi por causa de compras em uma aldeia que Che Guevara e seu grupo de guerrilheiros foram descobertos na Bolívia.

AUSSARESSES – Penso que Che Guevara era um homem brilhante, muito inteligente, mas ambicioso. Ele queria substituir Fidel Castro, mas Fidel não estava apressado em deixar o posto de chefe de Estado de seu país e enviou-o em missão à Bolívia com outro homem muito brilhante que ainda está vivo, Régis Debray. Então, Fidel Castro quis dar uma ocupação a esses homens brilhantes e enviou-os em missão à Bolívia.

FOLHA – O senhor pensa que Fidel Castro armou uma cilada?

AUSSARESSES – Eles eram brilhantes, mas bebiam muito, e os espiões de Fidel Castro ouviam o que eles diziam. E eles escreviam também, escreviam demais e, quando foram para a Bolívia, as forças de segurança bolivianas sabiam de todos os detalhes dos deslocamentos deles. Debray foi capturado rapidamente e depois encontraram sua agenda, uma bela agenda Hermès, de couro.

FOLHA – E quem os denunciou?

AUSSARESSES – A tagarelice deles.

FOLHA – Mas a CIA [serviço de inteligência dos EUA] estava na Bolívia.

AUSSARESSES – Claro, que dúvida!

Elegia ao torturado

(In memoriam *de Vladimir Herzog.*)

I

Bate, soldado!
Bate no homem encapuçado e amarrado,
bate, bate, bate:
é teu inimigo algemado;
se pudesse, ele te batia,
bate e bate com alegria
bate tudo, bate com firmeza,
põe para fora, soldado,
teu ódio pelo homem sem defesa,
esse desgraçado!

Bate, ele é filho da puta,
e tu estás na gloriosa luta
pela pátria! E tua força é bruta: bate!
Bate, bate forte,
que ninguém escuta
bate até a morte,
que ninguém escuta,
saca-lhe o capuz,
cega-o com luz,
tu és forte, e ele é fraco,

bate, soldado, bate:
dá-lhe choque no saco,
põe-no de cata-cavaco
e dá-lhe duro
com a arma que empunhas,
encosta-o no muro.
E bate rijo,
arranca-lhe as unhas,
mas devagar para doer,
e dá-lhe mijo
para beber.

Bate, soldado,
que ninguém escuta.
Bate: ele é filho da puta,
é teu irmão, que cambaleia e cai,
bate, tua mãe traiu teu pai,
este homem é culpado,
bate nele, soldado!

Tua mulher te traiu um dia,
podia ser com ele, bem que podia.
Lembra da cara dela naquele dia?
Podia ser com ele, podia.

Bate, a noite começou agora,
minutos de sangue

gotejam a hora
da manhã que não vem tão cedo.
Bate, soldado,
se ele tem medo
bate mais forte,
ele confessa,
ora essa, se confessa,
antes da morte.

Pega-lhe o pescoço e o entorte
e dá-lhe um corte no pinto,
bate, soldado, bate sorrindo.
Ele traiu teu pai
com tua mãe,
traiu tua pátria também,
pensou contra teu chefe,
ele é um blefe
e tem medo de ti, soldado;
é a hora de tua vingança
de quando te passaram uma raspança
pelo primeiro pássaro que mataste
e perdeste a chance de ser criança.

Bate, soldado, e avança
sobre ele: este pássaro quis
voar livre
para fazer-te infeliz

e triste,
não deixes que ele te prive
do prazer de matar;
bate, bate, soldado,
pássaro não pode voar!

II

Aproveita, ele está desmaiado,
bate, cospe, chuta,
bate forte, bate tudo soldado,
ele agiu contra o regime
que não te oprime
e te recompensa
por bater em quem fala e pensa.

Bate, soldado. Assim: na cara!
Estala o tapa!
Vê, se agora ele fala!
Ou se pode pensar.
Entre as paredes desta sala,
vê se pode voar!

Bate, soldado,
força com isto,
manda-o agora, falar
nas ideias de Cristo.

Bate, soldado,
apaga na cara dele o teu cigarro,
molhe-a com escarro,
bate, soco e tapa,
tapa e soco, estala tapa,
mete-lhe a mão,
ninguém vai saber disto
a não ser os teus tenentes,
os suficientes
para a promoção.

III

Mas, cuidado, soldado,
o homem está exangue
perdeu muito sangue,
cuidado, soldado,
o homem está todo cagado,
pode sujar o vinco bem passado
do teu uniforme.

Esse homem disforme
pode sujar tua farda
enquanto a morte lhe tarda,
a morte, esta justiça lerda,
neste rio de difusa neblina
sobre este lago de merda
em que a dor ainda navega.

Cuidado, soldado,
não sujes o vinco bem passado:
é contra o regulamento,
cuidado, soldado, olha o sargento,
olha a promoção, o dever cumprido,
olha o tenente: Sentido! Em frente!

Não, soldado, não batas mais,
o homem morreu momentos atrás,
cheio de sangue, de merda e de ideais;
limpa logo a merda e o sangue,
porque as ideias
não as limparás jamais.
Esquece, esquece.
Não é possível mudá-lo, morto e mudo,
Somente a morte, sem prece,
acaba com tudo.

Chama o legista, soldado,
ele faz laudo falsificado
apaga a marca da chibata
da chibata, da chibata e conclui:
o filho da puta se suicidou
enforcado, pendurado, balançado
e arrependido.

E descansa, soldado,
teu dever está cumprido:
cuida apenas de ver
se não ficou sangue ou merda
no vinco bem passado
de tua farda nova.
Cuidado, soldado,
o regulamento reprova.

São Paulo, 1978

Derradeiro Poema

Deus e a física

"Antes, não há nela ter sido, nem haver de ser,
pois simplesmente é, por ser eterna.
Ter sido e haver de ser não são
próprios do Ser eterno."
(Aurelius Augustinus)

Deus é tudo,
essência de tudo.
E, porque eterno, é sempre.

Sempre está, sempre é,
sem começo, nem fim,
é passado, é futuro, sereno sempre,
permanentemente presente,
mas não como aprendemos dividir
o que foi, o que é, o que virá, o porvir.
É tudo em outra dimensão, pleno,
de outra forma sem forma concebível.
Nossa inteligência não é suficiente
para concebê-lo. Apenas sente.

É o Universo e o grão,
o átomo e a galáxia
em movimentos iguais

em torno de um núcleo,
que imagino ver e tocar
por ser matéria.
Mas o amor, o bem,
o perfume, a cor,
o susto, a flor,
de onde vêm?
E a lágrima? O soluço?
Ele criou tudo sem explicação:
por isto os homens o cultuam
com imagens diferentes
e nomes estranhos, falam em amá-lo,
falam em amor, oram, louvam,
com quase verdades, sem muito sabor,
mas não duram, nem alteram
o eterno e sua calma condição
de apenas ser na eternidade.
Ah! A imensa paz de ser e sempre!
Serenidade de ser sem idade!
Suponho que não há outra forma cogente
de ser eterno a não ser serenamente.

Ele, no entanto,
que é tudo e tanto,
não tem memória,
nem esperanças,
porque nunca foi, nem será

Apenas é.
E não se confunde
com o que entendemos por momento
nem por *dasein*, nem por fé. Ele é.
Gira mundo, girassóis,
Gira os astros, a terra e as estrelas.
Gira, gira e, ao girá-las,
é energia, não sei se pura,
mas dura, dura, dura e gira,
embora Galileu
tenha negado isto
para não morrer
e morreu, sem entender,
como ninguém entendeu
o que são corpos sidérios e a densidade deles.

Não é noite, nem dia, nem bem, nem mal,
nem juiz, nem julgamento,
nem corte, nem tribunal,
é apenas a lei de uma certeza:
a de reger-se a si mesma.

Pode ser luz, como a percebemos,
ou sombra, como a tememos,
ou ambas sem separá-las.
E gira astros, mésons, prótons, prósitons, elétrons,
gira moléculas e estrelas,

e ao girá-las é energia
e depois, para além de si mesmo,
ainda é energia a que nos acostumamos
a chamar de vida
de flores, de pássaros, de sementes,
de rastros dos voos
nas tardes caídas
de asas batidas
por estrelas cadentes
ou outras coisas equivalentes
de outra forma concebidas
no expandido universo que ele invente.

Luz? Que velocidade tem?
Mais lenta que neutrinos?
Vai de onde para onde?
E de onde vem
para ir e por quê?
É estática ou constante,
sem que possamos
entender isto também
porque não sabemos
onde é o onde posto no infinito.
E qual é o onde
que o infinito tem?
A velocidade da luz é absoluta?
Ou num piscar de Deus

os neutrinos são mais velozes.
E o que será da $E = mc^2$?
O que será na cabeça dos loucos
tantos gritos e tantas vozes?
A criação? Perguntas atrozes.

A criação é um constante
sem impulso, sem explosão.
O instante é a soma
de muitos agoras;
e todos os agoras
duram no instante único.
Na criação não existiu
big-bang algum, a atual e ridícula concepção da física,
porque o cosmo não teria a ordem inteligente
que o governa em órbitas iguais
tanto nas nuvens de gás e poeira
como nos átomos de chumbo,
na variabilidade inesgotável
e na inesgotabilidade da natureza
ora no breu e nas eras de trevas,
nos colapsos de núcleos de estrelas,
ora nas constantes explosões, estas sim,
das belezas, sejam de raios gamas em refulgências,
ou simplesmente raios sem rumos na trovoada,
sejam nos mares, espelho dos astros e túmulo dos rios,
sejam nos quasares, nas luzes explodidas

sejam de flores, sejam no amanhecer,
sejam de qualquer coisa desconhecida
mesmo que esta coisa não seja nada
ou seja a vida.
Se o universo se transforma e se espande,
não há a singularidade do big-bang,
prova-o um simples *fiat luz* já consagrado na fé
e nas lendas, nos rituais, nas oferendas.
Mesmo que a singularidade se atraia pela gravidade
tudo que passa pelo horizonte de eventos
não há explicação porque acontece
naqueles únicos momentos
de dimensão zero.

E antes, o que havia?
O antes também é eterno,
o passado é eterno
tanto quanto o futuro,
cada qual no seu onde, também eterno.

Nós não entendemos nem podemos
entender o buraco negro das galáxias,
que ora existe, ora não existe mais,
as sementes das galáxias, os renascidos sóis
das coisas do sem fim, luzes tortas de velocidade
contida
iluminadas por energia escura

que afasta galáxias e
gera picos acústicos,
na inflação híbrida, que cresce e encolhe,
nos teoremas de singularidades
que devem ser azuis
e iguais à soma de milhões de outros sóis
numa única estrela, e, pelo visto,
tão binária como meu computador recém-inventado,
porque para nós só existem o espaço e o tempo
e nos contentamos em contemplar a Via Láctea
pela beleza de sua distância próxima e brilhante
sem saber que o nosso e outros sóis
giram em torno do seu núcleo, encantador de estrelas,
detalhe que só Bilac percebeu
para ouvi-las e por amar,
sem saber matemática,
sem conhecer luzes invisíveis,
nem planetas autônomos, solitários,
sem estrela para girar em torno.
Ouviu-as pela poesia e pela ternura.
Não precisou de cordas
nem de matéria escura, nem de contorno.
Apenas de uma rima para nosso deleite.
E o buraco negro, terror das luzes que explodem,
é explicado por um copo de leite branco
que entorta as ondas do som que rejeite.
O que é mais relativo do que esta ironia

que nem Einstein percebeu?
A Via Láctea é a estrada de leite.

Mas Deus, por eterno, não se relativa com isto.
A matemática somente lida com o finito.
A linguagem da física explica o universo
com a mesma verdade dos elefantes
que carregavam o mundo às costas.
As verdades nossas.
Ah! As verdades nossas!

Agora foi debaixo da terra,
o homem gosta de catacumbas,
de túneis com luzes e sons.
Aí a física tentou acelerar partículas
acelerar seus hádrons, os prótons, os elétrons,
uns contra os outros
na velocidade da luz que muda de frequência
no aumentar das distâncias
em batalhas respeitavelmente ridículas,
e em busca de novo elefante
o bóson de Higgs
de onde todos viemos,
menos a verdade,
nosso modelo padrão,
menos o lago Leman,
menos o Rio de Rhone

que em Genève pairam
sobre o tubo do gira-nada,
do gira-dança com teraelétrons volts
nas explosões que resultam
em outras infinitas esferas.
Sempre a mesma forma,
a eterna forma de ser assim
sem necessidade de colisor algum.
Prefiro contemplar o lago,
comprar cigarros no Davidoff
e fumar diante do Jet d'eau
olhando o Montblanc na França.
O copo de leite suíço é uma delícia.
A Suíça é uma delícia.
Que big-bang desenharia os Alpes
ou a perfeição do DNA
do corpo vivo e gerado?
E por que tanta criatividade mecânica
para apenas confirmar o éter cósmico de Aristóteles
mesmo rejeitado?
Gosto de discurso: o bóson de Higgs é trêmulo e se
desfaz.

Para Deus nada disto conta
porque ele tem a dimensão de tudo
ou é a própria dimensão
concluída e pronta.

Esta condição de ser sempre e tudo
permitiria que ele concebesse o nada?
A energia que é
vem do nada de antes
e volta ao nada no futuro,
e ele brinca em tudo
porque o conjunto disto é ele próprio.

E a evolução? Os milhões de anos,
segundo contamos nós,
para o aperfeiçoamento dos seres,
que após sempre viram pó,
seria uma contemplação de si mesmo?

Ou seriam o simples movimento
das coisas de luz estática
na curva galática do momento?

Apenas consigo imaginá-lo absoluto como ente
porque é Deus e porque, para ser Deus,
tem que ser absolutamente.
Até Darwin percebeu isto
ao descobrir que a prefeição das espécies
são os instantes acumulados na eternidade.

Deus não é o deus
que nos ensinaram

em filosofias gastas
e alteradas em cada época
no pensamento humano e emocional,
porque as épocas passam para nós
e não existem filosofias
para a sabedoria total,
a dele, quando criou apenas o bem
como excludente absoluto do mal
que não existe nem pode existir
na geometria universal dos mundos eternos
como quer a estúpida teoria do caos
ou a infantilidade dos infernos.

Mas ele, Deus, existe.
Impossível defini-lo
dentro dos nossos limites
mesmo libertos por uma imensa catarse
sem saber se ele se importa
em ser definido ou apenas se importa
segundo o que se entende por importar-se.

Igual a estrelas, de outras durações,
nasci, cresci e vou morrer,
não tenho direito de pensar
no infinito: não há espaço, por finita,
para qualquer concepção que faço.

Vou perder a beleza do sol-posto,
o movimento e as cores do meu planeta,
o grão em que habito,
os rios, as cachoeiras, o riso das crianças,
o rosto das pessoas que amo,
as que têm esperanças e terão saudade.
Por quê, então,
fui criado mortal?
O que terá isto de útil para a eternidade
ou de diferente de uma estrela
em estágio final?
Talvez porque, sei lá,
no homem deu-se
a única hipótese que há
de concepção do mal,
ainda que contemplado
com a pefeição do DNA nuclear,
a forma perfeita de escrever a vida
e que nenhuma explosão explicará.

Mas ele permanecerá absoluto,
supremo a céus e infernos.
A eternidade não lhe permite
anseios, nem temores, nem inverno,
porque não há o tempo
além do já para o eterno.
No universo nada existe a esmo,

tudo explode e gira, às vezes, morre,
mas morre para limpar-se a si mesmo,
e ressurge em outro momento
de espanto em explosões nos ares.
O Universo se expande a cada segundo.
A cada momento Deus cria um novo mundo
em cosmos de galáxias longínquas.
Quanto mais longe mais velozes
talvez sejam, para nosso entendimento,
o destino dos rios que morrem nos mares
e que, para além de suas mortes,
sem a disciplina das margens,
amazônicos ou igarapés,
viram águas salgadas nos oceanos
para a eternidade mansa das marés.

Nada se explica, e o cientista sempre se complica
quando quer dizer a origem e seus motivos
como se uma explosão cambriana
criasse os seres vivos e nunca mais se repetisse,
todos feitos de coenzimas, milhões de coenzimas,
numa uniforme ebulição da vida perfeita
e se espanta quando encontra
coenzimas nos cometas, como se fossem nossas rimas,
na poeira dos cosmos, branca e linda e rarefeita,
ou a densidade e suas ondas
em desenhos circulares,

sempre a mesma forma de girar
sem monotonia e diferente.

Somente a inteligência dele
podia criar
o espetáculo das galáxias estelares
e o mistério de suas origens
sem partículas e sem cordas cósmicas
essa concepção ridícula
de supersimetria aos pares,
mas com uma finalidade prática:
os físicos vão se enforcar nas cordas bidimensinais
porque o infinito é indevassável.
Os físicos, cientistas e sábios por um dia
estão cegos pela poeira cósmica,
não enxergam, para além da luz estelar ofuscada,
as radiações das outras galáxias mais além
na mansidão iluminada pela matéria escura
que o Universo sem explosão contém.

Difícil, muito difícil, é imaginar
que sendo sempre
em tudo, antes e depois,
no átomo e no cosmo,
e em si próprio,
se ainda assim,
Deus pode ser feliz

tal como entendo isto,
pois, para mim, a felicidade
foi breve como a senti
e enquanto durou atormentou-me
pelo medo de perdê-la.

E porque ele também
girou o mundo mais uma vez
não sei se verei amanhã
o sol que hoje nasceu, nossa estrela,
sem ter tido tempo de entender,
em meio a tudo isto, o que fui eu.

Tenho medo que Deus seja triste
por ser só. Mas no Universo tudo existe
evoluidamente em torno dele
inclusive a verdade, que é sua essência.

Mas a tristeza é conceito meu
quando me faltam alegrias.
Sou indiferente ao ser ou não ser
e me comovo por ter sido
sabendo que não mais serei,
misturo Shakspeare com Pessoa,
no jogo de verbos que os poetas
usam para lamentar a curta vida
deles próprios e dos homens.

Mas Deus é, ele é sempre.
Não se perturbará jamais
pela conjugação tangida de um verbo
que levamos milhões de anos
para apreender e falar.
A essência não se explica,
apenas é, existe, dura e fica,
o absoluto e o eterno também
não precisam de idiomas
que apenas transmitem
ideias mortais para mortais
no processo de criar a imortal incerteza.
Eu mesmo não sei porque
estou escrevendo isso
em língua portuguesa.*

*Reflexão: Grandes criadores da ciência moderna, tais como Kepler, Galileu e Newton, interpretavam a inteligibilidade matemática do cosmo num sentido teológico (como seus contemporâneos Descartes e, sobretudo, Malebranche. Deus criou o mundo com leis matemáticas colocando em nosso espírito "ciências de verdade" (Descartes) que nós apenas temos de desenvolver para compreendê-lo. Kepler, entusiasmado com sua descoberta da trajetória elíptica dos planetas, exprime, numa bela página dos seus Cinco Livros sobre a Harmonia do

Mundo, sua gratidão a Deus: "Agradeço-te, Criador e Senhor, por me teres regozijado o espírito com o espetáculo de tua obra". Leibniz admirava profundamente a extrema simplicidade das leis do universo, em que o máximo de efeitos se realizou com o mínimo de meios. "O mundo", dizia, "originou-se dos cálculos de Deus". Já Platão invocava um Deus que "sempre geometriza". Na Bíblia, o Livro da Sabedoria (XI 20) ensina-nos que "Deus tudo regulou com medida, quantidade e peso". O big bang pode ser o *fiat lux* para os religiosos, mas para a filosofia é uma piada. E muito obrigado para quem leu este livro até aqui.

Este livro foi composto nas fontes Requiem e Gotham
para a editora Leya em outubro de 2012.